WEEKLY STUDY PLAN

WEEKLY STUDY P

Name of the Test ← テスト名を書こう。

Test Period ←

/ ~ /

Name of the Test

Date	To-do List ←	やることを書こう。(例)「英単語を10個覚える」。など。

Time Record ←
0分 10 20 30 40 50 60分
→1時間 →2時間 →3時間 →4時間 →5時間 →6時間

Time Record
0分 10 20 30 40 50 60分
→1時間 →2時間 →3時間 →4時間 →5時間 →6時間

Time Record
0分 10 20 30 40 50 60分
→2時間 →3時間 →4時間 →5時間 →6時間

Time Record
0分 10 20 30 40 50 60分
→1時間 →2時間 →3時間 →4時間 →5時間 →6時間

Time Record
0分 10 20 30 40 50 60分
→1時間 →2時間 →3時間 →4時間 →5時間 →6時間

Date	To-do List

WEEKLY STUDY PLAN

Test Period

/ ~ /

Name of the Test

Test Period

/ ~ /

Date　To-do List

Time Record
0分 10 20 30 40 50 60分

- 1時間
- 2時間
- 3時間
- 4時間
- 5時間
- 6時間

Time Record
0分 10 20 30 40 50 60分

- 1時間
- 2時間
- 3時間
- 4時間
- 5時間
- 6時間

/

( )

☐
☐
☐
☐
☐

/

( )

☐
☐
☐
☐
☐

Time Record
0分 10 20 30 40 50 60分

- 1時間
- 2時間
- 3時間
- 4時間
- 5時間
- 6時間

Time Record
0分 10 20 30 40 50 60分

- 1時間
- 2時間
- 3時間
- 4時間
- 5時間
- 6時間

/

( )

☐
☐
☐
☐
☐

/

( )

☐
☐
☐
☐
☐

Time Record
0分 10 20 30 40 50 60分

- 1時間
- 2時間
- 3時間
- 4時間
- 5時間
- 6時間

Time Record
0分 10 20 30 40 50 60分

- 1時間
- 2時間
- 3時間
- 4時間
- 5時間
- 6時間

Time Record
0分 10 20 30 40 50 60分

- 1時間
- 2時間
- 3時間
- 4時間
- 5時間
- 6時間

Time Record
0分 10 20 30 40 50 60分

- 1時間
- 2時間
- 3時間
- 4時間
- 5時間
- 6時間

Time Record
0分 10 20 30 40 50 60分

- 1時間
- 2時間
- 3時間
- 4時間
- 5時間
- 6時間

Time Record
0分 10 20 30 40 50 60分

- 1時間
- 2時間
- 3時間
- 4時間
- 5時間
- 6時間

Time Record
0分 10 20 30 40 50 60分

- 1時間
- 2時間
- 3時間
- 4時間
- 5時間
- 6時間

【 学 研 ニ ュ ー コ ー ス 】

問題集

中学歴史

Gakken

学研ニューコース
Gakken New Course for Junior High School Students

もくじ
Contents

中学歴史 問題集

特長と使い方 ……………………………… 3

1章　古代までの日本

1　文明のおこりと日本の成り立ち ……… 4
2　聖徳太子の政治と大化の改新 ………… 8
3　平城京と天平文化 ……………………… 12
4　平安京と国風文化 ……………………… 16
● 定期テスト予想問題① ……………… 20

2章　中世の日本

1　武士のおこりと鎌倉幕府 ……………… 24
2　モンゴルの襲来と日本 ………………… 28
● 定期テスト予想問題② ……………… 32

3章　近世の日本

1　ヨーロッパの世界進出 ………………… 36
2　織田信長・豊臣秀吉の全国統一 ……… 40
3　江戸幕府の成立と鎖国 ………………… 44
4　産業の発達と幕府政治の動き ………… 48
5　幕府政治の展開と外国船の出現 ……… 52
● 定期テスト予想問題③ ……………… 56

4章　開国と近代日本の歩み

1　ヨーロッパの近代化 …………………… 60
2　開国と明治維新 ………………………… 64
3　文明開化と立憲政治 …………………… 68
4　日清・日露戦争と日本の産業革命 …… 72
● 定期テスト予想問題④ ……………… 76

5章　二度の世界大戦と日本

1　第一次世界大戦と日本 ………………… 80
2　社会運動と新しい文化 ………………… 84
3　世界恐慌と日本の中国侵略 …………… 88
4　第二次世界大戦と日本 ………………… 92
● 定期テスト予想問題⑤ ……………… 96

6章　現代の日本と私たち

1　戦後日本の発展と国際社会 …………… 100
2　新たな時代の日本と世界 ……………… 104
● 定期テスト予想問題⑥ ……………… 108

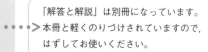

「解答と解説」は別冊になっています。
本冊と軽くのりづけされていますので，
はずしてお使いください。

本書の特長と使い方

特長

ステップ式の構成で 無理なく実力アップ	充実の問題量 ＋定期テスト予想問題つき	スタディプランシートで スケジューリングも サポート

1項目4ページ構成

【1見開き目】

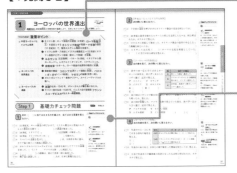

テストに出る！ 重要ポイント

各項目のはじめには，その項目の重要語句や要点などが整理されています。まずはここに目を通して，テストによく出るポイントをおさえましょう。

Step 1 基礎力チェック問題

基本的な問題を解きながら，各項目の基礎が身についているかどうかを確認できます。
わからない問題や苦手な問題があるときは，「得点アップアドバイス」を見てみましょう。

 おさえておくべきポイント。

 テストでまちがえやすい内容の解説。

 問題を解くためのヒント。

 年代暗記のゴロ合わせ。

【2見開き目】

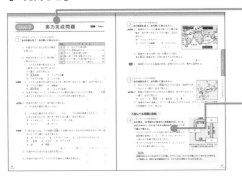

Step 2 実力完成問題

標準レベルの問題から，やや難しい問題を解いて，実戦力をつけましょう。まちがえた問題は解き直しをして，解ける問題を少しずつ増やしていくとよいでしょう。

入試レベル問題に挑戦

各項目の，高校入試で出題されるレベルの問題に取り組むことができます。どのような問題が出題されるのか，雰囲気をつかんでおきましょう。

 定期テストでよく問われる問題。

 まちがえやすい問題。

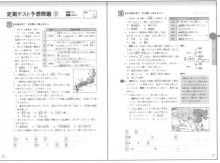 応用して考える必要のある問題。

数項目ごと

定期テスト予想問題

学校の定期テストでよく出題される問題を集めたテストで，力試しができます。制限時間内でどれくらい得点が取れるのか，テスト本番に備えて取り組んでみましょう。

スタディプランシート【巻頭】

勉強の計画を立てたり，勉強時間を記録したりするためのシートです。計画的に勉強するために，ぜひ活用してください。

1 文明のおこりと日本の成り立ち

リンク
ニューコース参考書
中学歴史
p.24〜39

攻略のコツ 古代文明の遺跡・文字，日本の道具・建物の写真がよく使われる！

テストに出る！ 重要ポイント

● **人類の出現と文明**

❶ アフリカ大陸に**猿人**が出現→**原人**→**新人**。

❷ **エジプト文明・メソポタミア文明・インダス文明・中国文明**…大河の流域，王の支配，文字の発明。

❸ **ギリシャ・ローマの文明**…ポリス。ヘレニズム。**ローマ帝国**。

❹ **三大宗教**…**仏教，キリスト教，イスラム教**。

● **日本の始まり**

❶ 旧石器時代…狩りや採集の生活。**打製石器**。1万年ほど前に日本列島が成立。

❷ **縄文時代**…**縄文土器**，たて穴住居，**貝塚**，土偶。

❸ **弥生時代**…**弥生土器**，稲作，石包丁，高床倉庫，青銅器・鉄器。くに（国）のおこり（奴国の王・**邪馬台国の卑弥呼**）。

● **大和政権の成立**

❶ **大和政権**…**大王**を中心とする豪族の連合政権。各地に**古墳**。

❷ **渡来人**…日本に移り住み，漢字・儒学・仏教などを伝える。

Step 1 基礎力チェック問題

解答 別冊p.2

1 次の〔 〕に当てはまるものを選ぶか，当てはまる言葉を答えなさい。

☑(1) 約700万〜600万年前の〔   〕大陸で，猿と共通の祖先から人類の祖先が誕生し，直立二足歩行を始めた。

☑(2) 打製石器がつくられ始めた時代を，〔   〕時代という。

☑(3) 紀元前3000年ごろ，チグリス川とユーフラテス川の流域でおこった〔 エジプト   メソポタミア 〕文明では，太陰暦などが考え出された。

☑(4) 漢と西方の間に〔   〕が開かれ，交易がさかんになった。

☑(5) 氷期が終わるころ，日本で〔 縄文   弥生 〕土器がつくられ始めた。

☑(6) 紀元前4世紀ごろ，主に朝鮮半島から移り住んだ人々によって，九州北部に〔   〕や金属器が伝えられた。

☑(7) 3世紀，〔   〕の女王卑弥呼が魏に使いを送った。

☑(8) 5世紀後半，〔   〕政権の王は九州地方から東北地方南部までの豪族を従えた。

得点アップアドバイス

1

確認 古代文明がおこった地域
(3) 現在のイラクを中心とする地域で，文明がおこった。

ヒント 交通路の名には中国の交易品
(4) 交通路の名称は，中国から西方へ運ばれた交易品から名づけられた。

2 【人類の出現と文明】
次の問いに答えなさい。

☑(1) 地図中の①・②の文明の名を答えよ。　①〔　　　　　文明〕
　　　②〔　　　　　文明〕

☑(2) ギリシャで紀元前8世紀ごろからつくられた，アテネやスパルタに代表される都市国家を何というか。　〔　　　　　〕

☑(3) シルクロードを通って，中国の漢へ伝えられた宗教がおこった場所を，地図中のA〜Cから1つ選び，記号で答えよ。　〔　　　　　〕

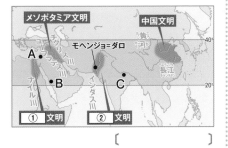

3 【日本の始まり】
右の地図を見て，次の問いに答えなさい。

☑(1) 地図中の①〜③の遺跡名を，次のア〜エから1つずつ選び，記号で答えよ。
　ア　三内丸山（さんないまるやま）　イ　登呂（とろ）
　ウ　吉野ヶ里（よしのがり）　エ　岩宿（いわじゅく）
　　①〔　　　〕　②〔　　　〕
　　③〔　　　〕

☑(2) 次のA・Bについて，つくられた時期が早いものを1つずつ選び，記号で答えよ。
　A〔ア　銅鐸（どうたく）　イ　土偶（どぐう）〕
　B〔ア　縄文土器　イ　弥生土器〕　A〔　　　〕B〔　　　〕

☑(3) 地図中の志賀島（しかのしま）で発見された，奴国（なこく）の王が漢（後漢（ごかん））の皇帝（こうてい）から授けられたと考えられているものは何か，漢字2字で答えよ。　〔　　　　　〕

4 【大和政権の成立】
右の年表を見て，次の問いに答えなさい。

☑(1) 年表中のAに当てはまる，円形と四角形を組み合わせた古墳（こふん）の形を何というか。
　　　〔　　　　　〕

☑(2) 年表中のBについて，「ワカタケル」の名が刻まれていたものを，次のア〜エから1つ選び，記号で答えよ。
　ア　鉄剣（てっけん）　イ　埴輪（はにわ）　ウ　銅剣（どうけん）　エ　石碑（せきひ）　〔　　　〕

世紀	で　き　ご　と
3	大型の古墳である　A　が現れる
5	倭王（わおう）の武（ぶ）が中国に使いを送る…B
7	古墳がつくられなくなる

得点アップアドバイス

2
....

✔確認 **ギリシャ文明の広まり**
(2) ギリシャを征服した
アレクサンドロス大王の
遠征（えんせい）によって，ギリシャ
の文明が東方に広まり，
ヘレニズムと呼ばれる文
化が生まれた。

3
....

✔確認 **遺跡からわかること**
(1) 登呂遺跡からは当時
の水田の様子，吉野ヶ里
遺跡からは小さな「くに」
ができたころの様子を知
ることができる。

ヒント **中国の皇帝から認められた証**
(3) 「漢委奴国王（かんのわのなのこくおう）」と刻
まれている。

暗記術 **こんな金印（きんいん）ほしかった倭（わ）**
57年　奴国の王が漢（後
漢）に使いを送る。

4
....

注意 **中国の歴史書に登場する日本人**
(2) 中国へ使いを送った
3人の人物，倭の奴国の
王，卑弥呼，倭王の武を
区別しよう。

Step 2　実力完成問題

解答 別冊p.2

1 【人類の出現と文明】

次の問いに答えなさい。

ミス注意 (1)　右の図は，人類の進化の様子を表している。原人（げんじん）にあたるものを**ア**～**ウ**から1つ選び，記号で答えよ。〔　　〕

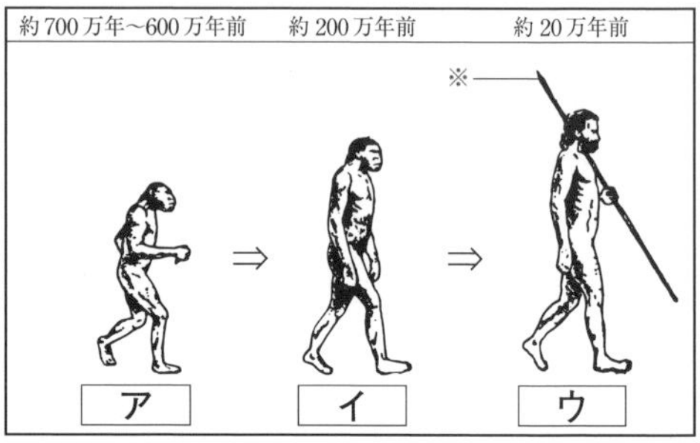

約700万年～600万年前
約200万年前
約20万年前
※
ア
イ
ウ

(2)　右の図中の※の道具には，石を打ち欠いてつくった石器がつけられている。このような石器を何というか。〔　　〕

(3)　秦（しん）の始皇帝（しこうてい）は，北方の遊牧民の侵入（しんにゅう）を防ぐために**資料A**のような城壁（じょうへき）を整備した。これを何というか。

〔　　〕

資料A　（学研写真資料）

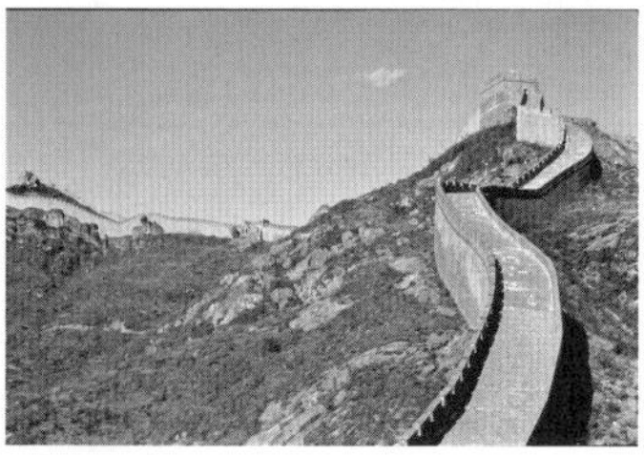

資料B　（学研写真資料）

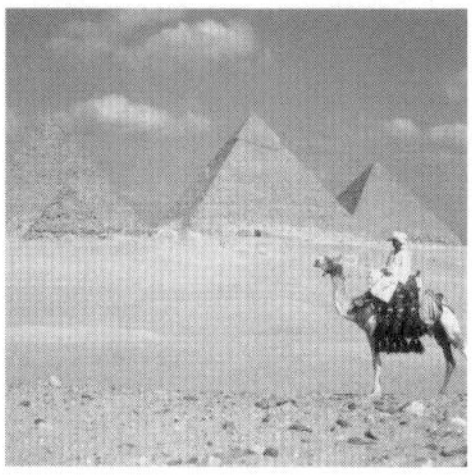

✓よくでる (4)　**資料B**は，ある文明の巨大な遺跡（いせき）である。これは何という川の流域にあるか。次の**ア**～**エ**から1つ選び，記号で答えよ。

ア　インダス川　　**イ**　チグリス川
ウ　ユーフラテス川　　**エ**　ナイル川　〔　　〕

資料C

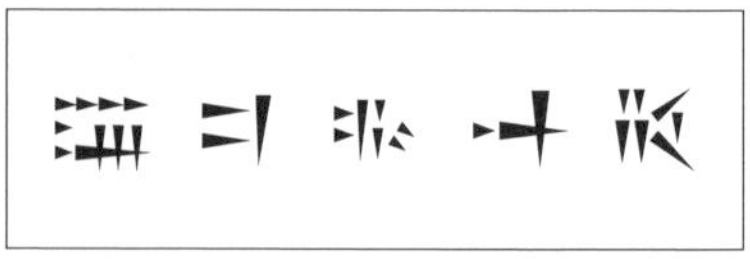

ミス注意 (5)　**資料C**は，メソポタミア文明で発明された文字である。この文字を何というか。〔　　〕

2 【日本の始まり】

縄文（じょうもん）時代の集落の様子を表した右の図を見て，次の問いに答えなさい。

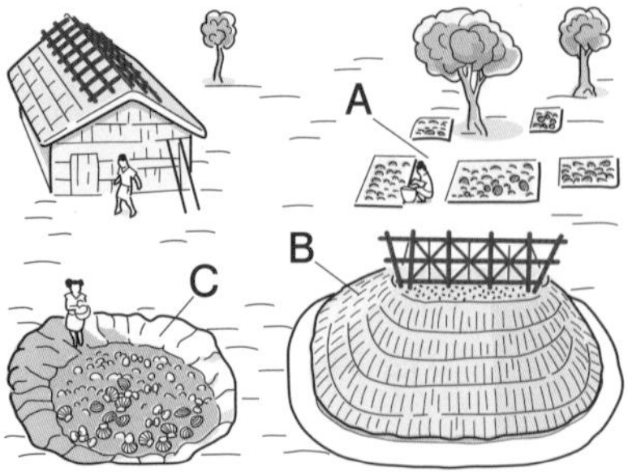

A
B
C

(1)　縄文時代の人々が食料としていなかった生き物を，次の**ア**～**エ**から1つ選び，記号で答えよ。

ア　鳥　　**イ**　いのしし
ウ　ナウマンゾウ　　**エ**　鹿　〔　　〕

(2)　図中の**A**は，食料を干している様子を表している。この食料に当てはまらないものを，次の**ア**～**エ**から1つ選び，記号で答えよ。

ア　くり　　**イ**　稲（いね）　　**ウ**　くるみ　　**エ**　どんぐり　〔　　〕

✓よくでる (3)　図中の**B**のような住居を何というか。〔　　〕

✓よくでる (4)　図中の**C**は，縄文時代の人々が食べ物の残りかすなどを捨てた場所である。このようにしてできた遺跡を何というか。〔　　〕

(5)　図中の**C**から発見されるものを，次の**ア**～**カ**から3つ選び，記号で答えよ。

ア　動物の骨（ほね）　　**イ**　埴輪（はにわ）　　**ウ**　石包丁（いしぼうちょう）　　**エ**　土偶（どぐう）
オ　縄文土器　　**カ**　銅矛（どうほこ）

〔　　〕〔　　〕〔　　〕

3 【日本の始まり】

右の資料A〜Dを見て，次の問いに答えなさい。

(福岡市埋蔵文化財センター)
(ColBase)
(福岡市博物館所蔵
画像提供：福岡市博物館／
DNPartcom)

ミス注意 (1) 資料A・Bの用途を，次のア〜エから１つずつ選び，記号で答えよ。

　ア　田の開墾　　イ　政治や占いの記録
　ウ　稲の収穫　　エ　祭りの道具

　　　　　　　　　　A〔　　　〕B〔　　　〕

(2) 資料Bの青銅器を何というか。
　　　　　　　　　　　　　〔　　　　　　　　〕

(3) 資料Cは，倭の奴国の王が，中国の皇帝から与えられたとされる金印である。このときの中国の国（王朝）を何というか。
　　　　　　　　　　　　　〔　　　　　　　　〕

D
その国の王はもとは男であったが，戦乱が続いたので，国々が共同して女の□①□を王に立てた。…（中略）民衆は，②道で有力者に出会うと，後ずさりして道ばたの草の中に入る。
（「魏志」倭人伝）

✓よくでる (4) 資料Dの①に当てはまる女王の名を答えよ。〔　　　　　　　　〕

思考 (5) 資料Dの下線部②から読み取れる，この国の社会の様子を簡潔に説明せよ。

〔

4 【大和政権の成立】

次の問いに答えなさい。

(1) 大仙（大山）古墳の形を，右のア〜エから１つ選び，記号で答えよ。〔　　　〕

ア　　　イ　　　ウ　　　エ

✓よくでる (2) 古墳の周りや頂上に置かれた，右の写真のような焼き物を何というか。〔　　　　　　　　〕

(ColBase)

ミス注意 (3) 渡来人についての説明として誤っているものを，次のア〜エから１つ選び，記号で答えよ。

　ア　役人として日本に派遣された。　　イ　百済などからやってきた。
　ウ　漢字を伝えた。　　　　　　　　　エ　須恵器をつくる技術を伝えた。〔　　　〕

入試レベル問題に挑戦

5 【人類の出現と文明】

右の地図は，奴国の王が中国の皇帝から金印を授けられたころの世界の一部を示している。次の問いに答えなさい。

(1) XとYを結んだ陸上の交易路を何というか。
　　　　　　　　　　　〔　　　　　　　　〕

(2) 三大宗教のうち，(1)の交易路を通ってXの国へ伝わったものは何か。〔　　　　　　　〕

X，Yは国を示す。

ヒント

Xは，倭の奴国の王が使いを送った国。このことは中国の歴史書『後漢書』東夷伝に記されている。

攻略のコツ 聖徳太子や中大兄皇子による国づくりと，仏教文化の特色を押さえよう。

テストに出る！ **重要ポイント**

◉ **聖徳太子の政治**

❶ **聖徳太子（厩戸皇子）の政治**…**冠位十二階，十七条の憲法**の制定，**遣隋使（小野妹子ら）**の派遣。

◉ **飛鳥文化**

❶ 7世紀初め，政治の中心であった飛鳥地方を中心に栄えた，日本で最初の仏教文化。

❷ **法隆寺・釈迦三尊像**など。

◉ **天皇中心の国づくり**

❶ 中国の動き…**隋**から**唐**へ。

❷ **大化の改新**…645年，**中大兄皇子**と**中臣鎌足**らが蘇我氏をたおす→**公地・公民**。朝鮮半島で**白村江の戦い**。

❸ **律令国家**…**遣唐使**の派遣。中大兄皇子は即位して**天智天皇**となり，全国的な戸籍をつくる。**壬申の乱**に勝った**天武天皇**は天皇中心の政治体制をつくる。

❹ 701年，**大宝律令**の制定…天皇を頂点とする政治のしくみ。

Step 1 基礎力チェック問題

解答 ▶ 別冊p.2

1 次の〔 〕に当てはまるものを選ぶか，当てはまる言葉を答えなさい。

☑ (1) 7世紀初め，隋が滅び，〔 漢 唐 〕が中国を統一した。

☑ (2) 聖徳太子は〔 〕を定めて，役人の心構えを示した。

☑ (3) 聖徳太子は，〔 〕らを遣隋使として，隋へ派遣した。

☑ (4) 〔 〕文化は，日本で最初の仏教文化である。

☑ (5) 〔 〕は，現存する世界最古の木造建築である。

☑ (6) 〔 〕と中臣鎌足らは，蘇我氏をたおして大化の改新を始めた。

☑ (7) 大化の改新で，それまで豪族が支配していた土地と人民を国のものとする〔 〕の方針が示された。

☑ (8) 中大兄皇子らは，朝鮮半島の〔 〕の復興を助けるため大軍を送ったが，新羅と唐の連合軍に敗れた。

☑ (9) 天智天皇の死後，そのあと継ぎをめぐって〔 〕が起こった。

📝 **得点アップアドバイス**

1

⚠️ 注意 **中国の国（王朝）の移り変わり**

(1) 殷→周→秦→漢→隋→唐の順に主要な王朝を押さえておくこと。

💡 ヒント **統一前の朝鮮半島の国々**

(8) 7世紀後半に統一されるまでの朝鮮半島では，主に高句麗・新羅・百済の3か国が勢力を争っていた。

8

2 【聖徳太子の政治】
次の問いに答えなさい。

(宮内庁)

☑(1) 右の資料中の中央の人物は，厩戸皇子（うまやどのおうじ）とも呼ばれた人物であると伝えられている。この人物名を答えよ。　〔　　　　　　〕

☑(2) (1)の人物が，家柄（いえがら）にとらわれず，才能や功績のある人物を役人に取り立てるためにつくった制度を何というか。　〔　　　　　　〕

☑(3) (1)の人物が小野妹子（おののいもこ）らを使節として派遣した国を，次のア～エから１つ選び，記号で答えよ。
ア 漢　イ 隋　ウ 秦　エ 殷〔　　　〕

3 【飛鳥文化】
次の文を読んで，A～Dに当てはまる語句を，あとのア～クから１つずつ選び，記号で答えなさい。

> 聖徳太子は，（　A　）を深く信仰（しんこう）し法隆寺（ほうりゅうじ）を建てた。この寺院には，（　B　）や玉虫厨子（たまむしのずし）などが収められている。この文化は，その中心が奈良盆地（ぼんち）南部にあったので（　C　）文化と呼ばれ，（　D　）から渡来（とらい）した人々が伝えた文化の影響（えいきょう）を受けている。

ア 仏教　イ 飛鳥（あすか）　ウ 朝鮮半島　エ キリスト教
オ 弥勒菩薩像（みろくぼさつぞう）　カ 難波（なにわ）　キ ギリシャ　ク 釈迦三尊像（しゃかさんぞんぞう）
A〔　　〕　B〔　　〕　C〔　　〕　D〔　　〕

4 【天皇中心の国づくり】
右の年表を見て，次の問いに答えなさい。

☑(1) 年表中のAのあと，中国の制度や文化を学ぶため，中国へ送られた使節を何というか。〔　　　　　　〕

☑(2) 年表中のBに当てはまる朝鮮半島の国を答えよ。〔　　　　　　〕

☑(3) 年表中のCの戦いに勝利して，即位した天皇の名を答えよ。
〔　　　　　　〕

☑(4) 年表中のDに当てはまる語句を答えよ。〔　　　　　　〕

☑(5) 大化の改新が始まった時期を，年表中のア～エから１つ選び，記号で答えよ。　〔　　　　　　〕

年代	で き ご と
618	中国で唐がおこる…………A
	↕ア
663	日本が唐と（　B　）に敗れる
	↕イ
668	中大兄皇子が天皇に即位（そくい）する
672	壬申（じんしん）の乱が起こる…………C
	↕ウ
694	藤原京（ふじわらきょう）に都を移す
	↕エ
701	（　D　）律令（りつりょう）が制定される

得点アップアドバイス

2
ヒント　聖徳太子の政治
(2) 役人の位を12に分け，位に応じてかんむりなどの色を分けるしくみ。

暗記術 593（国民）　歓迎
太子の政治
593年　聖徳太子が摂政（せっしょう）となる。

3
ヒント　古代の日本に影響した外国文化
D　飛鳥時代の仏像と朝鮮半島の仏像に，類似点が見られる。

4
確認　中国から取り入れた制度
(1) 大化の改新は，中国から帰国した留学生や僧の協力で進められた。

注意　大化の改新後の2人の天皇
(3) 大化の改新を行った中大兄皇子は，即位して天智天皇となった。壬申の乱で勝利したのは，天智天皇の弟の大海人皇子（おおあまのおうじ）。

1章／古代までの日本

2 聖徳太子の政治と大化の改新

1 【聖徳太子の政治】
次の文を読んで，あとの問いに答えなさい。

> （　①　）の政治を助ける摂政となった聖徳太子は，a蘇我氏と協力して国づくりを進め，（　**A**　）を中心とする政治のしくみをつくろうとした。太子は（　②　）を定め，家柄にとらわれずに才能や功績のある人物を役人に取り立てようとした。また，b中国から進んだ制度や文化を取り入れようと，（　③　）たちを使節として派遣し，留学生や僧も同行させた。

✔よくでる (1) 文中の①～③に当てはまる語句を，次のア～オから1つずつ選び，記号で答えよ。
　　　ア　小野妹子　　イ　冠位十二階　　ウ　十七条の憲法
　　　エ　推古天皇　　オ　持統天皇

　　　　　　　　　　　　　　　①〔　　　　　〕②〔　　　　　〕③〔　　　　　〕

(2) 文中のAに当てはまる語句を答えよ。　　　　　　　　〔　　　　　　　〕

(3) 下線部aについて，聖徳太子と協力して政治を行った人物を，次のア～ウから1つ選び，記号で答えよ。
　　　ア　蘇我入鹿　　イ　蘇我馬子　　ウ　蘇我蝦夷　〔　　　　〕

(4) 下線部bの中国の国（王朝）の名を答えよ。
　　　　　　　　　　　　　　　　　　　　〔　　　　　　　〕

(5) 聖徳太子のころの政治の中心地を，右の地図中のア～エから1つ選び，記号で答えよ。　　　　　　　〔　　　　〕

2 【天皇中心の国づくり】
右の資料は，646年に出された新しい政治の方針の一部である。これを見て，次の問いに答えなさい。

(1) この前年，日本で初めてとされる元号が定められた。この元号を何というか，答えよ。
　　　　　　　　　　　　　〔　　　　　　　〕

(2) 中大兄皇子に協力して蘇我氏をたおした人物を，次のア～エから1つ選び，記号で答えよ。
　　　ア　聖徳太子　　イ　大海人皇子
　　　ウ　中臣鎌足　　エ　奴国の王　〔　　　　〕

> 一　これまで豪族などが所有していた土地や人民は，すべて国家のものとする。
> 一　戸籍をつくり，人民に田をわり当てて耕作させる。
> 　　　　　　　　（一部要約）

ミス注意 (3) 中大兄皇子は，即位する前に都を移した。その都の場所を，次のア～エから1つ選び，記号で答えよ。
　　　ア　京都　　イ　難波　　ウ　飛鳥　　エ　大津

　　　　　　　　　　　　　　　　　　　　　　　　　　〔　　　　〕

✔よくでる (4) 資料中の下線部の方針を何というか，答えよ。　〔　　　　　　　〕

3 【天皇中心の国づくり】

次の問いに答えなさい。

(1) 中大兄皇子らの政治は，地図中の**A**の国の制度や知識を取り入れて行われた。**A**の国（王朝）を何というか，答えよ。　〔　　　　　　〕

(2) 朝鮮半島は，7世紀後半に地図中の**B**の国に統一された。次の問いに答えよ。

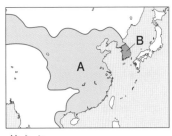

① 中大兄皇子は百済を支援するため大軍を送ったが，**A**と**B**の連合軍に敗れた。この戦いを何というか，答えよ。　〔　　　　　　〕

ミス注意 ② ①の戦いに敗れたのちに，九州北部の守りを固めるために置かれたものとして<u>当てはまらないもの</u>を，次のア～エから1つ選び，記号で答えよ。

ア　水城　　イ　防人　　ウ　山城　　エ　大仙(大山)古墳　〔　　　〕

ミス注意 (3) 次のア～ウのできごとを，年代の古い順に並べ，記号で答えよ。

ア　大宝律令が定められる。　　イ　中大兄皇子が即位し天智天皇になる。

ウ　壬申の乱が起こる。　〔　　　→　　　→　　　〕

4 【飛鳥文化】

右の写真を見て，次の問いに答えなさい。

よくでる (1) 聖徳太子が建てた右の写真の寺院を何というか，答えよ。　〔　　　　　　〕

思考 (2) 写真の寺院の建築様式や仏像は，どのような特色をもつか。外国文化の影響面から，簡単に説明せよ。

〔　　　　　　　　　　　　　　　　　　　　　〕

入試レベル問題に挑戦

5 【聖徳太子の政治】

京子さんの班は聖徳太子が進めた政治について，右の資料を使用して次のように説明した。次の①～③に当てはまる語をそれぞれ答えなさい。

一　<u>A和を大切にし</u>，人といさかいをしないようにしなさい。

二　あつく<u>B三宝</u>を敬いなさい。

三　<u>C詔</u>を受けたら，必ず従いなさい。　　（一部要約）

・下線部**A**は中国で孔子が説いた（　①　）の影響を受けた考えである。

・下線部**B**は三大宗教の1つである，（　②　）の教えなどを示している。

・下線部**C**は，聖徳太子が摂政として政治を助けた（　③　）の命令を示している。

①〔　　　　　〕②〔　　　　　〕③〔　　　　　〕

ヒント

①は中国で生まれた学問，②はインドで生まれ中国へ伝わった宗教で，いずれも朝鮮半島を経て日本に伝わった。

3 平城京と天平文化

攻略のコツ 人々の重い税の負担と土地制度の変化, 国際的な文化の特色について押さえよう。

テストに出る! 重要ポイント

● **奈良の都**
1. **平城京**…710年, 唐の長安にならう。和同開珎を使用。
2. **政治のしくみ**…天皇が中心, 太政官のもとに**八省**などの役所。
3. **地方のしくみ**…国と郡。都から派遣された**国司**が郡司を指揮。九州北部に**大宰府**。

● **人々の暮らし**
1. **班田収授法**…戸籍をもとに6歳以上の男女に**口分田**。
2. **人々の負担**…**租・調・庸**などの税。**防人**などの兵役。
3. **墾田永年私財法**…743年, 開墾した土地の永久私有を認める→私有地（のちの**荘園**）が拡大し, 公地・公民の原則の崩れ。

● **聖武天皇と天平文化**
1. **聖武天皇**…仏教の力により国を守ろうと考え, 国ごとに**国分寺**と**国分尼寺**, 都に**東大寺**と**大仏**。
2. **天平文化**…仏教や唐などの影響を受けた国際的な文化。**正倉院**の宝物など。『**古事記**』,『**日本書紀**』,『**風土記**』,『**万葉集**』。

Step 1 基礎力チェック問題

解答▶ 別冊p.3

1 次の〔 〕に当てはまるものを選ぶか, 当てはまる言葉を答えなさい。

☑(1) 唐の都を手本として, 〔 奈良 京都 〕に平城京がつくられた。

☑(2) 地方は多くの国に区切られ, 朝廷から〔   〕が派遣された。

☑(3) 戸籍に登録された6歳以上の人々に口分田を与え, 死ぬと国に返させる制度を,〔   〕という。

☑(4) 口分田の面積に応じて稲を納める税を〔 租 庸 〕という。

☑(5) 人々に開墾をすすめるため, 朝廷は〔   〕を定め, 新しく開墾した土地をいつまでも私有してよいことにした。

☑(6) 〔 天武天皇 聖武天皇 〕は, 仏教の力によって世の中の不安をしずめようと, 都に東大寺を建てさせた。

☑(7) 天皇を中心とする国の成り立ちをまとめるため, 神話や伝承などをもとに,『古事記』と『〔   〕』がつくられた。

☑(8) 和歌集の『〔   〕』は, 大伴家持がまとめたとされる。

得点アップアドバイス

1

確認 藤原京と平城京

(1) 平城京の前の都は藤原京。日本初の本格的な都で, 天武天皇の皇后の持統天皇が, 飛鳥地方（奈良県）に完成させた。

確認 朝廷が開墾をすすめた理由

(5) 人口の増加や自然災害で不足してきた口分田を補い, 租の収入を増やそうとしたから。

2 【奈良の都】

次の文を読んで，A～Dに当てはまる語句を，あとのア～クから1つずつ選び，記号で答えなさい。

> 710年，律令国家の新しい都として，（ A ）がつくられた。天皇から高い地位や給料を与えられた皇族や豪族は（ B ）となった。地方は多くの国に分けられ，都から派遣された国司が，地方の豪族が任命された（ C ）や里長を指揮して国を治めた。九州には，九州地方の政治や外交，防衛にあたる（ D ）が置かれた。

ア 貴族　　イ 藤原京　　ウ 平城京　　エ 郡司
オ 良民　　カ 大宰府　　キ 八省　　ク 太政官

A〔　　　〕　B〔　　　〕　C〔　　　〕　D〔　　　〕

3 【人々の暮らし】

次の問いに答えなさい。

(1) 班田収授法について説明した次の文中の①に当てはまる数字，②に当てはまる語句を答えよ。

戸籍に登録された（ ① ）歳以上の男女に（ ② ）を与え，死ぬと国に返させた。

①〔　　　　　　　　〕　②〔　　　　　　　　〕

(2) 右の表中のA～Cに当てはまる税や労役を，次のア～エから1つずつ選び，記号で答えよ。

ア 雑徭　　イ 租
ウ 衛士　　エ 庸

（ A ）	収穫量の約3％の稲を納める。
調	成年男子が地方の特産物を都まで運んで納める。
（ B ）	成年男子が労役の代わりに麻の布を都まで運んで納める。
（ C ）	成年男子が国司のもとで年間60日以内の労働をする。

A〔　　　〕　B〔　　　〕
C〔　　　〕

(3) 朝廷は，743年に，新たに（ D ）した土地を（ E ）に私有してよいことにした法令を出した。D・Eに当てはまる語句を漢字2字でそれぞれ答えよ。

D〔　　　　　　〕　E〔　　　　　　〕

4 【聖武天皇と天平文化】

次の問いに答えなさい。

(1) 聖武天皇のころを中心に栄えた，天皇や貴族による，国際色豊かな文化を何というか。〔　　　　　　　〕

(2) 国ごとにつくられた，自然・産物・伝承などを記した地誌を何というか。〔　　　　　　　〕

得点アップアドバイス

2

ヒント　**地方の行政区分**

C 国・郡・里という行政の単位が整備された。国の中にいくつかの郡があり，郡の中にいくつかの里があった。

3

注意　**律令国家における重い税**

(2) 人々が納めるこれらの米や特産物が，天皇や貴族の生活を支えていた。

ヒント　**律令国家の税・労役**

(2) 租・調・庸が税，雑徭が労役。

暗記術　**永久の私有に貴族すぐなじみ**

743年 墾田永年私財法が出される。

4

ヒント　**奈良時代の書物**

(2) 『古事記』『日本書紀』は歴史書，『風土記』は地誌，『万葉集』は和歌集。

1 【奈良の都】
次の問いに答えなさい。

図1

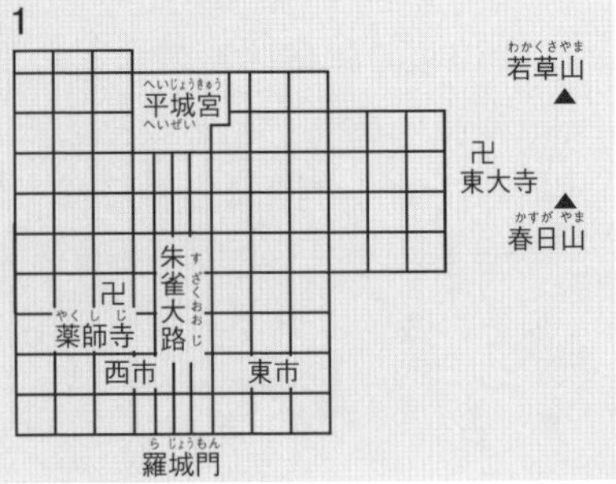

✓よくでる (1)　710年につくられた，右の**図1**の都を何というか，答えよ。

〔　　　　　　　〕

(2)　**図1**の都は，中国の何という都を手本としてつくられたか，答えよ。

〔　　　　　　　〕

ミス注意 (3)　唐にならって発行され，**図1**中の西市や東市で使われた貨幣を，漢字4字で答えよ。

〔　　　　　　　〕

思考 (4)　**図1**の都をはじめとする，中国の都を手本につくられた日本の都は，どのように区画されていたか。「道路によって」に続けて簡単に説明せよ。

〔道路によって　　　　　　　　　　　　　　　　　〕

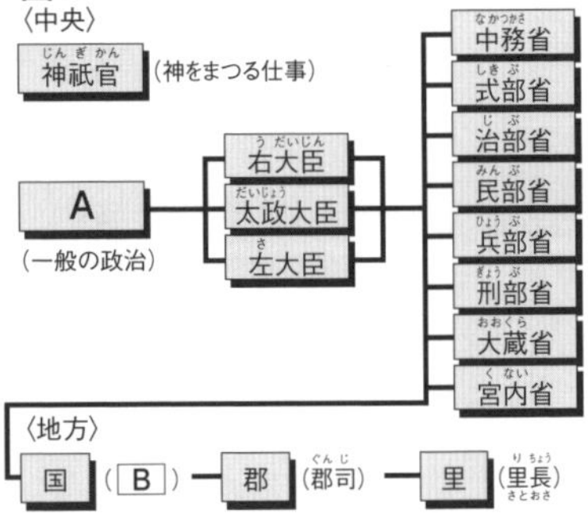

(5)　**図1**の都には，**図2**中の〈中央〉に示した役所が置かれ，天皇と役人が政治を行った。この中央政府を何というか，漢字2字で答えよ。　〔　　　　　　　〕

ミス注意 (6)　**図2**中の**A・B**に当てはまる役職名を，それぞれ答えよ。

A 〔　　　　　　　〕　　B 〔　　　　　　　〕

2 【人々の暮らし】
右の資料を読んで，次の問いに答えなさい。

✓よくでる (1)　資料1中のAに共通して当てはまる税の種類を答えよ。

〔　　　　　　　〕

(2)　資料2は，九州北部を守る兵役についた男が歌った和歌である。この兵役を何というか，答えよ。

〔　　　　　　　〕

✓よくでる (3)　資料3は，（　①　）が不足したことなどから，開墾をすすめるために出された（　②　）という命令である。①・②に当てはまる語句を答えよ。

①〔　　　　　　　〕
②〔　　　　　　　〕

資料1　私は駿河（静岡県）の漁師で，（　A　）・庸の運び役として東海道を歩いて都にやってきました。（　A　）としてはかつおを加工して運びました。途中の食料は自分の負担なのでたいへんです。

資料2　から衣　すそに取りつき　泣く子らを　置きてぞ来ぬや　母なしにして

資料3　今後は，墾田は自由に私財として所有させ，三世一身という期限にこだわることなく，すべて永久に回収しないようにせよ。

（一部要約）

3 【聖武天皇と天平文化】

右の写真と資料を見て，次の問いに答えなさい。

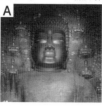
（東大寺）

（正倉院正倉）

（1） 写真Aは，（ ① ）の力によって国家を守ろうと考えた聖武天皇が，都に建てた（ ② ）内につくらせた金銅の像である。①・②に当てはまる語句を答えよ。

① 〔　　　　　　　　　〕 ② 〔　　　　　　　〕

（正倉院宝物）

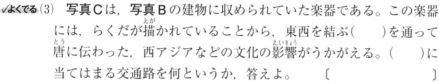
C

✓よくでる（2） 写真Bの建物には，聖武天皇の愛用品などが収められていた。この建物を何というか。〔　　　　　　　　　〕

✓よくでる（3） 写真Cは，写真Bの建物に収められていた楽器である。この楽器には，らくだが描かれていることから，東西を結ぶ（　　）を通って唐に伝わった，西アジアなどの文化の影響がうかがえる。（　　）に当てはまる交通路を何というか，答えよ。〔　　　　　　　　　〕

（4） 聖武天皇のころ最も栄えた文化では，どのような人々が中心となったか。次のア〜エから1つ選び，記号で答えよ。

ア 天皇や貴族　　イ 地方の豪族　　ウ 農民　　エ 渡来人

〔　　　　　〕

（唐招提寺）

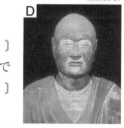
D

（5） 写真Dは，朝廷に招かれて唐から来日し，唐招提寺を開いた僧である。この僧は誰か，答えよ。〔　　　　　　　　　〕

ミス注意（6） 資料1は，国の成り立ちをまとめた歴史書，資料2は，天皇・貴族・農民などの歌を収めた和歌集である。それぞれの書物の名を，次のア〜エから1つずつ選び，記号で答えよ。

ア 『風土記』　　イ 『古事記』
ウ 「魏志」倭人伝　　エ 『万葉集』

資料1 〔　　　〕 資料2 〔　　　　〕

資料1 二人の神，イザナギとイザナミは結婚して，八つの島々（日本）を生みました。

資料2 青丹よし 奈良の都は 咲く花の にほふがごとく 今盛りなり

入試レベル問題に挑戦

4 【人々の暮らし】

右の史料は，平城京に運ばれてきた品物の荷札に書かれていた文字である。解説中のA・Bに当てはまる語句を，史料中から選び，それぞれ漢字1字で答えなさい。

A 〔　　　　　　〕
B 〔　　　　　　〕

史料

肥前国神埼郡調綿壱伯屯

解説：今の佐賀県吉野ヶ里町付近から，税の（ A ）として運ばれてきた（ B ）につけられた荷札。屯は重さの単位で約168g，伯屯はその百倍を意味する。

ヒント

荷札である木簡には，産地名，税目名，産物名，分量などが記された。

4 平安京と国風文化

攻略のコツ 貴族が天皇をしのぐ権力をもつようになったことを理解しよう。

テストに出る！ **重要ポイント**

● **平安京**

❶ **平安京**…794年，**桓武天皇**が都を京都に移す。**坂上田村麻呂**を征夷大将軍に任命し，蝦夷を攻める。

❷ 律令政治の立て直し…国司への監視強化。農民の負担減。

❸ 新しい仏教…**天台宗（最澄）**，**真言宗（空海）**。

❹ 遣唐使の停止…**菅原道真**の意見で派遣停止。

● **摂関政治**

❶ **摂関政治**…藤原氏が**摂政・関白**を独占→**藤原道長・頼通**のとき全盛。

❷ 地方の政治…国司に任され，乱れる。班田収授も困難に。

● **東アジアと国風文化**

❶ 東アジア…唐に代わり**宋**，新羅に代わり**高麗**。天皇や貴族は，大宰府にやってくる宋の商人と貿易（日宋貿易）。

❷ **国風文化**…仮名文字（『源氏物語』『枕草子』『古今和歌集』），寝殿造，大和絵。

❸ 浄土信仰の広まり→**平等院鳳凰堂**などの阿弥陀堂。

Step 1 基礎力チェック問題

解答 別冊p.4

1 次の〔　　〕に当てはまるものを選ぶか，当てはまる言葉を答えなさい。

☑(1) 〔　聖武天皇　　桓武天皇　〕は，都を平安京に移した。

☑(2) 征夷大将軍に任じられた坂上田村麻呂は，〔　　　　　　　〕地方に住む蝦夷と呼ばれた人々の拠点を攻めた。

☑(3) 唐で学んだ〔　　　　　　　〕は延暦寺を拠点に天台宗を広めた。

☑(4) 唐の国内が乱れたことなどを理由に，〔　　　　　　〕が遣唐使の停止を訴えて認められた。

☑(5) 〔　　　　　　　〕氏は，天皇が幼いときには摂政，成長すると関白という職について，政治の実権を握るようになった。

☑(6) 平安時代半ばに，日本の風土や生活感情に合った〔　　　　　　〕文化が栄えた。

☑(7) 10世紀半ばに，阿弥陀仏にすがり極楽浄土に生まれ変わることを願う〔　　　　　　〕が都でおこった。

 得点アップアドバイス

1

注意 **平安京遷都の理由**

(1) 僧が政治に口出しをするようになったので，奈良を離れて政治を立て直そうとした。

確認 **文化の変化**

(6)

・奈良時代…大陸の影響を受け，国際色豊かな文化。

・平安時代…日本独自の文化。

2 【平安京】
次の問いに答えなさい。

☑(1) 地図中の東北地方で独自の生活を続け，朝廷の支配に抵抗していた人々を何というか，答えよ。
〔　　　　　　　　　〕

☑(2) 桓武天皇が平安京をつくった場所を，次のア～エから1つ選び，記号で答えよ。
ア　京都　　イ　大津
ウ　奈良　　エ　大阪　〔　　　　〕

地図
```
0    100km
■城または柵
（数字は設置年代）

850年ごろ
までに平定→
　　　　秋田城 733
　　　　　　　　　A
　　　　胆沢城 802
750年ごろ　　陸奥
までに平定→
出羽柵708
　　出羽
　　　　多賀城 724
越　　7世紀ごろ
後　白河関　までに平定
```

☑(3) 桓武天皇から征夷大将軍に任命されて東北地方へ派遣され，地図中のAの胆沢城を築いた人物名を答えよ。
〔　　　　　　　　　〕

☑(4) 平安京に都が移されてまもなく，新しい仏教がもたらされた。次の文中の①・②から正しい語句を1つずつ選び，記号で答えよ。
・最澄は天台宗を開き，比叡山に①〔　ア　金剛峯寺　　イ　延暦寺　　ウ　興福寺　〕を建てた。
・②〔　ア　鑑真　　イ　行基　　ウ　空海　〕は真言宗を開いた。
①〔　　　〕　②〔　　　〕

3 【摂関政治】
次の問いに答えなさい。

☑(1) 藤原氏は，娘を天皇の后にし，生まれた子を次の天皇に立てた。その目的を，次のア～エから1つ選び，記号で答えよ。〔　　　　〕
ア　摂政・関白の地位につく。　　イ　天皇中心の政治を進める。
ウ　調や庸を免除される。　　　　エ　新たに開墾した田を私有する。

☑(2) 都から地方に派遣された役人である（　　　）の中には，代理の者を送って収入だけを得る者もいた。（　　　）に適する役職名を答えよ。
〔　　　　　　　　　〕

4 【東アジアと国風文化】
次の①～④の人物に関連の深い語句を，右の〔　　　〕から1つずつ選びなさい。

☑① 紫式部　〔　　　　〕
☑② 清少納言〔　　　　〕
☑③ 紀貫之　〔　　　　〕
☑④ 藤原頼通〔　　　　〕

〔　『枕草子』　　　法隆寺金堂
　『日本書紀』　　『源氏物語』
　『古今和歌集』　平等院鳳凰堂　〕

得点アップアドバイス

2 ‥‥‥‥‥‥‥‥

確認 **東北地方の人々の抵抗**
(1) アテルイを中心に朝廷軍と戦った。

確認 **平安時代の始まり**
(2) 以後，鎌倉幕府が成立するまで約400年間を，平安時代という。

3 ‥‥‥‥‥‥‥‥

暗記術 **遠い昔の ワンマン摂政**
1016 年　藤原道長が摂政となる。

4 ‥‥‥‥‥‥‥‥

確認 **平安時代の文学**
①② 紫式部と清少納言は，ともに天皇の后に仕えた女性。紫式部は物語を，清少納言は随筆を著した。

1章／古代までの日本

4　平安京と国風文化

1 【平安京】
右の年表を見て，次の問いに答えなさい。

年代	で き ご と
794	都が（　A　）へ移される
797	坂上田村麻呂が（　C　）に任じられる……B
	↕ D
894	菅原道真が（　E　）の停止を提案する

✓よくでる (1)　年表中の**A**に当てはまる都を何というか，答えよ。
〔　　　　　　〕

(2)　年表中の**B**のころ，桓武天皇は地方の政治を立て直すため，地方の役人に対する監督を厳しくした。この役人を何というか，答えよ。
〔　　　　　　〕

(3)　年表中の**C**は，東北地方の蝦夷を征服するための総司令官である。**C**に当てはまる語句を答えよ。　〔　　　　　　〕

(4)　年表中の**D**のころ広まった仏教の新しい教えのうち，①天台宗，②真言宗の本拠地となった場所を，右の地図中の**ア〜エ**から1つずつ選び，記号で答えよ。

①〔　　　〕　②〔　　　〕

(5)　年表中の**E**は，2世紀以上にわたって中国へ送られていた使節である。**E**に当てはまる語句を答えよ。　〔　　　　　　〕

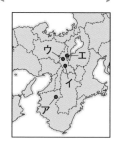

---

2 【摂関政治】
右の図を見て，次の問いに答えなさい。

思考 (1)　図中の**A**に当てはまることばを10字以内，**B**に当てはまる語句を2字で答えよ。
A〔　　　　　　〕
B〔　　　　　　〕

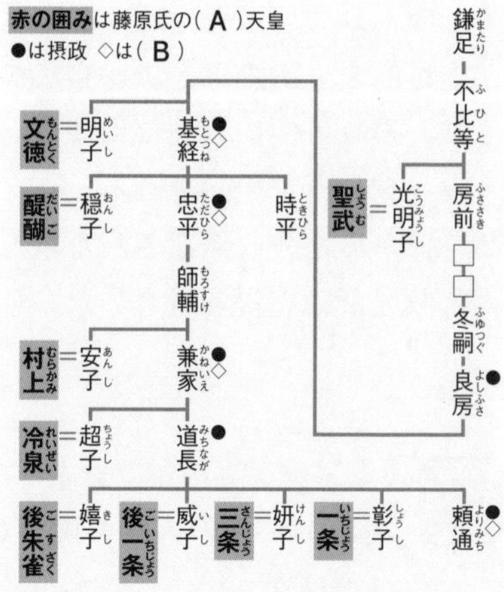

✓よくでる (2)　藤原氏が摂政や図中の**B**を独占し，実権を握った政治を何というか。
〔　　　　　　〕

✓よくでる (3)　11世紀前半，藤原氏の全盛期を築き，右下の歌を詠んだ人物を，図中から選んで答えよ。
〔　　　　　　〕

(4)　平安時代半ばに班田収授が行われなくなると，租・調・庸・労役にあたる分の（　　）を税として取るようになった。（　　）に当てはまる産物名を答えよ。
〔　　　　　　〕

赤の囲みは藤原氏の（ A ）天皇
●は摂政 ◇は（ B ）

文徳＝明子　基経●◇
醍醐＝穏子　忠平●◇　時平
　　　　　　師輔
村上＝安子　兼家●◇
冷泉＝超子　道長◇
後朱雀＝嬉子　後一条　三条　威子　妍子　一条　彰子　頼通◇

鎌足─不比等
光明子　房前
冬嗣─良房●
聖武

この世をば　わが世とぞ思ふ　もち月の
かけたることも　なしと思へば

18

3 【東アジアと国風文化】
次の問いに答えなさい。

資料1

於	衣	宇	以	安
お	え	う	い	あ
於	江	宇	伊	阿
オ	エ	ウ	イ	ア

(1) 資料1のように，漢字をもとにしてつくられた文字を何というか，答えよ。　〔　　　　　〕

✓よくでる (2) 資料1の文字を用いて書かれた文学のうち，次の①〜③に当てはまる書物を，あとのア〜オから1つずつ選び，記号で答えよ。

①　紀貫之らが編さんした歌集　〔　　　〕

②　紫式部が書いた物語　〔　　　〕

③　清少納言が書いた随筆　〔　　　〕

ア　『枕草子』　イ　『古今和歌集』　ウ　『風土記』

エ　『源氏物語』　オ　『万葉集』

資料2　　　　　　　　　(国立歴史民俗博物館)

✓よくでる (3) 資料2の建築様式を何というか，答えよ。
〔　　　　　〕

(4) 日本の風物を描いた（　　　）が生まれ，資料3のような，物語を（　　　）で表す絵巻物も描かれた。

（　　　）に共通して当てはまる語句を答えよ。
〔　　　　　〕

資料3　　　　　　　　　(五島美術館)

(5) 平安時代後期には，平等院鳳凰堂や中尊寺金色堂が建てられた。これら2つの建物に共通する点を，次のア〜エから1つ選び，記号で答えよ。

ア　宝物を収めた倉　イ　五重塔

ウ　大仏が収められた寺院　エ　阿弥陀堂
〔　　　　　〕

入試レベル問題に挑戦

4 【東アジアと国風文化】
右の資料1は，平安時代初期の唐の影響が見られる貴族の女性の服装で，資料2は，後期の貴族の女性の服装である。平安時代に貴族の服装はどのように変化したか，平安時代半ばに生まれた文化の名称と特色に触れて，説明せよ。

資料1　　　　資料2

ヒント

資料1とよく似た服装は，唐の絵画に描かれている。資料2は平安時代中ごろからの貴族の女子の正装。

定期テスト予想問題 ①

時間 ▷ 50分
解答 ▷ 別冊p.5

得点 /100

1 右の年表を見て，次の問いに答えなさい。　[2点×9]

(1) 年表中の **A** について，アフリカで
出現したこの人類を，次の**ア〜ウ**か
ら1つ選び，記号で答えよ。
　　ア 原人　**イ** 猿人　**ウ** 新人

(2) 年表中の **B** の時期の日本について，
正しく説明したものを，次の**ア〜エ**
から1つ選び，記号で答えよ。
　　ア 鹿などの狩りが行われた。
　　イ くりなどが栽培された。
　　ウ マンモスなどの狩りが行われた。
　　エ 高床倉庫がつくられた。

(3) 年表中の下線部 **C・D** の地域で使
用された文字を，右の**ア〜エ**から1つずつ選び，
記号で答えよ。

(4) 年表中の **E** の文明に関連する遺跡を，次の**ア
〜エ**から1つ選び，記号で答えよ。
　　ア モヘンジョ＝ダロ　　**イ** ピラミッド
　　ウ ラスコーの洞窟壁画　**エ** 兵馬俑

(5) 年表中の **F** のとき中国でおこった国を，次の
ア〜エから1つ選び，記号で答えよ。
　　ア 漢　**イ** 殷　**ウ** 周　**エ** 秦

時期	できごと
約700万〜600万年前	最古の人類が出現する………A
	↕ B
約1万年前	日本列島の形ができあがる
紀元前3000年ごろ	C メソポタミアや D エジプトで 文明がおこる
紀元前2500年ごろ	インドで文明がおこる………E
紀元前1600年ごろ	黄河流域で国がおこる……F
	↕ ア
紀元前5世紀ごろ	仏教がおこる………………G
	↕ イ
紀元前3世紀	始皇帝が中国を統一する……H
	↕ ウ
紀元前後	キリスト教がおこる

(6) 年表中の **G** について，仏教の説明に当てはまるものを，次の**ア〜エ**から1つ選び，
記号で答えよ。
　　ア ヤハウェを唯一の神とする。
　　イ アラー（アッラー）を心から信じることの大切さを説く。
　　ウ ローマ帝国の国教となった。
　　エ 修行を積んで悟りを開けば苦しみから解放されると説く。

(7) 年表中の **H** について，始皇帝が遊牧民の侵入を防ぐために整備したものを答えよ。

(8) 都市国家のローマが地中海周辺の国々を征服し，帝国となった時期を，年表中の**ア
〜ウ**から1つ選び，記号で答えよ。

(1)		(2)		(3) C		D		(4)		(5)		(6)	
(7)					(8)								

2 右の資料を見て，次の問いに答えなさい。

【(3) 5点，他3点×9】

(1) **資料1**について，次の問いに答えなさい。

① 下線部**A**の土器は，表面につけられた模様から何と呼ばれるか，答えよ。

② **資料1**の下線部**B**は，何の目的でつくられたと考えられているか。次の**ア〜エ**から1つ選び，記号で答えよ。

ア 貯蔵　　イ まじない
ウ 武器　　エ 農具

③ **資料1**の貝塚の近くにつくられた，地面に穴をほり，屋根をかぶせた住居を何というか。

(2) **資料2**の**ア〜エ**の中から，弥生時代の遺跡である吉野ヶ里遺跡の位置を1つ選び，記号で答えよ。

(思考)(3) **資料3**は，弥生時代の青銅器に描かれた絵の一部である。この絵は，人々が何をしている様子を描いたものだと考えられるか。簡単に説明せよ。

(4) **資料4**は，中国の歴史書に書かれた日本に関する内容である。これを読んで，次の問いに答えよ。

① 下線部**C**の人物は，倭ではどのように呼ばれていたか。次の**ア〜エ**から1つ選び，記号で答えよ。

ア 大王（おおきみ）（だいおう）　　イ 皇帝
ウ 国王　　エ 摂政（せっしょう）

② **D**に当てはまる国名，**F**に当てはまる人物名をそれぞれ答えよ。

③ 下線部**E**はどこの国の皇帝か。漢字1字で答えよ。

(5) **資料5**は，大仙（大山）古墳に代表される古墳の形を示している。このような形の古墳を何というか。

資料1　鳥浜貝塚（福井県）の出土品

A土器・骨角器（こっかくき）・木製品などの道具，B土偶（どぐう），貝がらなど食料の残り，けもの・人の骨（ほね）　など

資料2

資料3

資料4

ア
C私の祖先は国土をしずめるために自らよろいやかぶとを身につけ，休むひまもなく山野をかけめぐりました。そして，貢（みつ）ぎ物（もの）を届ける船を百済（くだら）から皇帝（こうてい）のところへ派（は）遣（けん）しようとしましたが，高句麗（コウクリ）（コグリョ）がじゃまをするので進むことができません。皇帝の力で高句麗を退けることができたら，いっそう皇帝に忠節（ちゅうせつ）をつくします。

イ
建武中元（けんむちゅうげん）2年（西暦（せいれき）57年）に，倭の（　D　）が貢ぎ物をもってきた。この国は倭の最も南の端（はし）にある。E皇帝はその国王の位を認め，そのあかしとして金印を授けた。

ウ
邪馬台国（やまたいこく）は，もともと男性の王が治めていたが，倭国（わこく）が乱れて何年も戦いが続くと，女性の（　F　）を王とした。

資料5

(1)	①		②	③		(2)	
(3)							
(4)	①	② D		F		③	(5)

21

3 右の年表を見て，次の問いに答えなさい。

【(2)① 5 点，他 2 点×9】

年代	できごと
5 世紀 後半	大和政権の勢力が東北地方南部まで及ぶ
	↕①①
593 年	聖徳太子が摂政となる…………A
	↕②②
645	大化の改新が始まる…………B
672	壬申の乱が起こる…………C
752	東大寺の大仏が完成する…………D
8 世紀末	『万葉集』がまとめられる…………E

資料 1

(1) 年表中の①・②の時期におこった中国の王朝の正しい組み合わせを，次の**ア〜エ**から 1 つ選び，記号で答えよ。

ア ①—魏 ②—唐
イ ①—隋 ②—魏
ウ ①—隋 ②—唐
エ ①—唐 ②—隋

(2) 年表中の**A**について，次の問いに答えなさい。

① 聖徳太子は，どのような目的で冠位十二階を定めたか。「家柄」「才能」という語句を用いて簡単に説明せよ。

思考 ② **資料 1** は，聖徳太子が中国の皇帝にあてた手紙である。**a・b**のうち，中国の皇帝を表すのはどちらか，記号で答えよ。

③ **資料 1** の手紙をもって，607 年に使節として中国へ派遣された人物名を答えよ。

資料 1

a 日出づるところの天子，書を
b 日没するところの天子にいたす。つつがなきや……

(3) 年表中の**B**の翌年に示された新しい政治の方針について，次の文中の**c・d**から正しい語句を 1 つずつ選び，記号で答えよ。

・これまで豪族などが所有していた土地や人々は，**c**〔**ア** 国家 **イ** 国司〕のものとする。
・**d**〔**ア** 貨幣 **イ** 戸籍〕をつくり，人々に田を与え，税を納めさせる。

(4) 年表中の**C**について正しいものを，次の**ア〜エ**から 1 つ選び，記号で答えよ。
ア 東北地方の人々の反乱　**イ** 天智天皇のあと継ぎ争い
ウ 天武天皇のあと継ぎ争い　**エ** 九州の豪族の反乱

(5) 年表中の**D**について，次の問いに答えなさい。
① 大仏をつくることを命じた天皇は誰か。
② このころ栄えた文化を何というか。

(6) **資料 2** は，年表中の**E**に収められた「貧窮問答歌」の一部である。この資料からどのようなことが読み取れるか。次の**ア〜エ**から 1 つ選び，記号で答えよ。

ア くに（国）どうしの争いが絶えなかった。　**イ** 農民には身分の差はなかった。
ウ 農民の生活は苦しかった。　**エ** 有力な農民が土地に対する権利を強めた。

資料 2

……かまどにはくもの巣がはってしまい，ご飯も食べられずに，ほそぼそとした声をたてているのに，里長が税を取り立てようと，むちを持って，戸口までやってきて，わめいている。……

(1)		(2) ①	

②		③		(3) c		d		(4)	

(5) ①			②			(6)	

4 右の地図と資料を見て，次の問いに答えなさい。

(1) 地図中の航路（北路・南路）は，中国の制度や文化を学ぶため送られた使節の航路である。この使節を何というか。

(2) (1)の使節に従って，9世紀初めに中国へ渡った僧を，次のア〜エから1つ選び，記号で答えよ。
  ア 鑑真　　イ 空海
  ウ 行基　　エ 阿倍仲麻呂

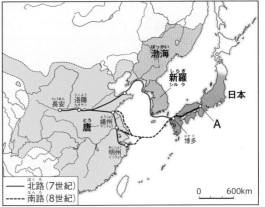

(3) 地図中のAは，794年に（　a　）天皇が政治を立て直すためにつくった（　b　）という都で，資料1はこの都の様子を表したものである。a・bに当てはまる語句をそれぞれ答えよ。

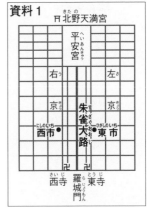

資料1

(思考)(4) 資料1中の都の中には，寺院が西寺と東寺の2つのみで，奈良時代の都にあった寺院より数が少ない。その理由を，簡単に説明せよ。

(5) 資料1中の都における政治・文化について，次の問いに答えよ。

① 資料2は，朝廷における高い官位に就いている貴族の人数を示している。藤原氏が占める割合が最も高かったころに政治を行っていた藤原氏の名前を資料中から選び，漢字2字で答えよ。

② 朝廷の高い官位のうち，次の説明に当てはまる官位を答えよ。
  「天皇が幼かったり，女性であったりするときに置かれ，天皇の代理として政治を行う。」

③ 天皇の后となった藤原氏の娘に仕えた女性によって優れた文学作品が著された。文学作品とその作者の組み合わせとして正しいものを，次のア〜エから1つ選び，記号で答えよ。
  ア 紀貫之『土佐日記』　　　イ 清少納言『竹取物語』
  ウ 山上憶良『貧窮問答歌』　エ 紫式部『源氏物語』

④ 資料2中の頼通が，宇治（京都府）に建てた阿弥陀堂を何というか。

資料2
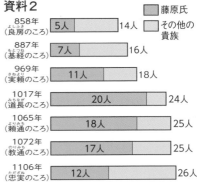

	藤原氏	その他の貴族
858年（良房のころ）	5人	14人
887年（基経のころ）	7人	16人
969年（実頼のころ）	11人	18人
1017年（道長のころ）	20人	24人
1065年（頼通のころ）	18人	25人
1072年（教通のころ）	17人	25人
1106年（忠実のころ）	12人	26人

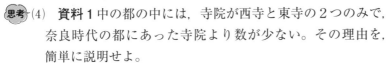

(1)		(2)	(3) a		b
(4)					
(5) ①		②		③	④

1 武士のおこりと鎌倉幕府

リンク
ニューコース参考書
中学歴史
p.66〜75

攻略のコツ 武士が力をつけていく過程と，鎌倉時代の政治・文化の特色をつかもう。

テストに出る！重要ポイント

● **武士のおこり**
1. 武士のおこり…武士団を形成→**源氏と平氏**が有力になる。
2. **院政**…**白河上皇**が摂政や関白を抑えて政治を行う。
3. 平氏の政治…保元の乱，平治の乱に勝利→**平清盛**が太政大臣となる。日宋貿易。
4. 源氏と平氏の戦い…1185年，壇ノ浦で平氏が滅亡。

● **鎌倉幕府の政治**
1. 源頼朝…1185年，**守護・地頭**を設置→1192年，征夷大将軍に。将軍と御家人は**御恩と奉公**の関係。
2. **執権政治**…頼朝の死後，北条氏が幕府の実権を握る。**承久の乱**→六波羅探題を設置。**御成敗式目**制定。

● **鎌倉時代の社会・文化**
1. 人々の生活…二毛作が始まる。**定期市**が開かれる。
2. 鎌倉文化…平安時代の文化を基礎に，武士の気風を反映した力強い文化。東大寺南大門，金剛力士像（運慶ら），『平家物語』。
3. 鎌倉仏教…**浄土宗（法然），浄土真宗（親鸞），日蓮宗（日蓮），禅宗（栄西・道元），時宗（一遍）。**

Step 1　基礎力チェック問題

解答　別冊p.6

1 次の〔　〕に当てはまるものを選ぶか，当てはまる言葉を答えなさい。

☑ (1) 白河天皇は，位を譲って上皇となったあとも政治を動かした。この政治を〔　　　　　〕という。

☑ (2) 平清盛は，保元の乱と〔　　　　　〕に勝利し，1167年に武士として初めて太政大臣になった。

☑ (3) 1185年，源頼朝の命令で，弟の〔　　　　　〕が平氏を追いつめ，壇ノ浦で滅ぼした。

☑ (4) 将軍が御家人に領地などを与えることを〔　　　　　〕という。

☑ (5) 頼朝の死後，鎌倉幕府の実権を握った北条氏は，のちに将軍を補佐する〔　　　　　〕という地位に就き，その地位を代々独占した。

☑ (6) 1221年，〔　　　　　〕は，承久の乱を起こしたが敗れた。

☑ (7) 〔 道元　法然 〕は浄土宗を開いた。

得点アップアドバイス

1

注意　政治の違い

(1)
・摂関政治…貴族の藤原氏の政治（天皇に代わって政治を行った）。
・院政…上皇の政治（摂政と関白を抑えて行われた）。

確認　源頼朝の弟

(3) 壇ノ浦の戦いのあと，頼朝と対立し，たおされた。

2 【武士のおこり】

右の年表を見て，次の問いに答えなさい。

年代	で き ご と
935	（　①　）が関東で乱を起こす
1051	東北地方で乱が起こる…………A
1086	（　②　）上皇が院政を始める
1159	平治の乱が起こる
1167	（　③　）が太政大臣となる……B

☑ (1) 年表中の①〜③に当てはまる人物名を答えよ。

①〔　　　　　　　〕

②〔　　　　　　　〕

③〔　　　　　　　〕

☑ (2) 年表中のAのあと，東北地方で勢力を広げた奥州藤原氏が拠点としたのはどこか，答えよ。

〔　　　　　　　〕

☑ (3) 年表中のBのころ，瀬戸内海の航路を使って貿易が行われた中国の王朝を何というか，答えよ。

〔　　　　　　　〕

3 【鎌倉幕府の政治】

次の問いに答えなさい。

年代	で き ご と
1185	平氏が滅亡する……………………A
	↕ア
1192	源頼朝が（　B　）に任じられる
	↕イ
1221	（　C　）の乱が起こる
	↕ウ
1232	御成敗式目が定められる………D

☑ (1) 年表中のAについて，平氏が滅亡した，現在の山口県で起こった戦いを何というか。

〔　　　　　　　〕

☑ (2) 年表中のBに当てはまる役職名を答えよ。〔　　　　　　　〕

☑ (3) 年表中のCに当てはまる語句を答えよ。

〔　　　　　　　〕

☑ (4) 年表中のDを定めた人物名を答えよ。〔　　　　　　　〕

☑ (5) 次の①・②のできごとが当てはまる時期を，年表中のア〜ウから1つずつ選び，記号で答えよ。

① 六波羅探題が置かれる。〔　　　　　　　〕

② 北条氏が幕府の実権を握る。〔　　　　　　　〕

4 【鎌倉時代の社会・文化】

次の問いに答えなさい。

(清浄光寺［遊行寺］)

☑ (1) 鎌倉時代に開かれるようになった，右の資料のような取り引きの場を何というか，答えよ。〔　　　　　　　〕

☑ (2) 右の資料のような取り引きの場で使われた貨幣は，主にどこの国の貨幣か。漢字1字で答えよ。〔　　　　　　　〕

☑ (3) 栄西や道元が広めた，座禅を組むことによって悟りを開くことを目指す仏教の宗派を何というか。〔　　　　　　　〕

1 【武士のおこり】
次の文を読んで，あとの問いに答えなさい。

> A　武士が都でも勢力を伸ばし，①平清盛が②2つの戦乱に勝ったのち政権を握った。
> B　③平将門，④藤原純友がそれぞれ，地方で反乱を起こした。
> C　白河天皇は，位を譲って上皇となってからも，⑤政治を動かした。

思考 (1)　A～Cを年代の古い順に並べよ。

〔　　　→　　　→　　　〕

(2)　下線部①の平清盛は，宋(中国)との貿易のためにある港を整備した。その港があった場所を，右の地図中のあ～えから1つ選び，記号で答えよ。　　〔　　　〕

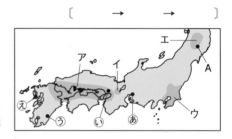

(3)　下線部②の2つの戦乱のうち，平清盛が源義朝をたおした戦いの名を答えよ。

〔　　　　　〕

(4)　下線部③・④の人物が反乱を起こした地域を，地図中のア～エから1つずつ選び，記号で答えよ。　　③〔　　　〕　④〔　　　〕

✔よくでる (5)　下線部⑤の政治を何というか，答えよ。　〔　　　　　〕

(6)　地図中のAを拠点として栄えた奥州藤原氏が建てた阿弥陀堂は，現在，世界文化遺産に登録されている。この阿弥陀堂を何というか。　〔　　　　　〕

2 【鎌倉幕府の政治】
右の資料を見て，次の問いに答えなさい。

(1)　鎌倉幕府で，資料1中のAに最初に就いた人物名を答えよ。　〔　　　　　〕

✔よくでる (2)　資料1中のBに当てはまる，将軍を補佐して政治を行う地位を何というか，答えよ。

〔　　　　　〕

(3)　資料1中のア～ウのうち，問注所が当てはまるところを1つ選び，記号で答えよ。　〔　　　〕

ミス注意 (4)　資料1中のC・Dに当てはまる説明を，次のア～エから1つずつ選び，記号で答えよ。
ア　荘園・公領の管理　　　イ　戸籍の作成，税の徴収
ウ　国ごとの軍事・警察　　エ　祭りや儀式　　　C〔　　　〕　D〔　　　〕

(5)　資料1中のEは，承久の乱ののちに置かれた。これについて，次の問いに答えよ。
①　承久の乱を起こした上皇は誰か。　〔　　　　　〕
②　朝廷側が兵を挙げたとき，御家人たちに結束を訴えた人物は誰か。
〔　　　　　〕

資料1

〈中央〉

将軍 ─ A ─ B
補佐役の将軍

ア（御家人の統率）
イ（政治一般）
ウ（訴訟・裁判）
E 六波羅探題
（朝廷の監視
西国武士の取り締まり）
守護（ C ）
地頭（ D ）
〈地方〉

(6) **資料2**について，次の問いに答えよ。

資料2

✓よくでる ① **資料1**中の**B**の地位に就いた人物のうち，**資料2**の法律を定めたのは誰か。また，この法律を何というか，答えよ。

人物〔　　　　　　〕

法律〔　　　　　　〕

> 一，諸国の守護の職務は，頼朝公の時代に定められたように，京都の御所の警護と，謀反や殺人などの犯罪人の取り締まりに限る。
>
> 一，武士が20年の間，実際に土地を支配しているならば，その権利を認める。

② **資料2**は，何について定めたものか，次の**ア**～**エ**から1つ選び，記号で答えよ。

ア 農民の義務　　**イ** 貴族の仕事

ウ 裁判の基準　　**エ** 外交の方針　　　　　　　　　〔　　　　　〕

---

③ 【鎌倉時代の社会・文化】

次の問いに答えなさい。

(1) 右の写真の彫刻をつくった人物を，次の**ア**～**エ**から1つ選び，記号で答えよ。

（東大寺／撮影：飛鳥園）

ア 行基　　　　**イ** 運慶

ウ 琵琶法師　　**エ** 鴨長明　　　　　　　〔　　　　　〕

思考 (2) 右の写真の彫刻に代表される鎌倉文化の特色を，「武士」という語句を用いて簡単に説明せよ。

〔　　　　　　　　　　　　　　　　　　　　　　　　　　〕

✓よくでる (3) 右の史料は，平安時代末から鎌倉時代にかけての武士の活躍を描いた物語の一部である。この物語を何というか，答えよ。　　〔　　　　　〕

> 祇園精舎の鐘の声，諸行無常の響きあり。娑羅双樹の花の色，盛者必衰の理をあらわす。おごれる人も久しからず，ただ春の夜の夢のごとし。
> （冒頭の部分）

ミス注意 (4) 鎌倉時代の農業について述べたものを，次の**ア**～**エ**から1つ選び，記号で答えよ。

ア 鉄製の農具が使われ始めた。　　**イ** 石包丁が使われ始めた。

ウ 高床倉庫がつくられ始めた。　　**エ** 二毛作が行われるようになった。〔　　　　　〕

入試レベル問題に挑戦

④ 【鎌倉時代の社会・文化】

右の資料は鎌倉時代に広まった仏教のうち，2つの宗派の特色を述べている。鎌倉時代にこのような仏教が広まった理由を，資料からわかる宗派の特色に着目して，簡単に説明せよ。

〔　　　　　　　　　　　　　　　　　　　　　　　　　　〕

> **親鸞（浄土真宗）** 阿弥陀仏の救いを信じる心さえあれば，誰でも救われると説いた。
> **一遍（時宗）** 念仏を広めるため，念仏の札を配ったり，踊りを取り入れたりした。

☀ **ヒント**

鎌倉仏教は武士や民衆の間にも広まった。資料中の「信じる心さえあれば」や「念仏の札」「踊り」に着目する。

2 モンゴルの襲来と日本

攻略のコツ　元寇以降の鎌倉幕府の衰えと，室町時代の戦乱の様子をとらえよう。

テストに出る！ 重要ポイント

◉ **元の襲来と鎌倉幕府の滅亡**

❶ **モンゴル帝国**…チンギス＝ハン→フビライ＝ハン

❷ **元寇**…北条時宗が元の要求を退ける→文永の役→弘安の役→御家人の生活が困窮し，**徳政令**を出す。

❸ 鎌倉幕府の滅亡…足利尊氏らが**後醍醐天皇**を助け挙兵。

◉ **室町幕府の成立**

❶ 南北朝の動乱…**建武の新政**が失敗→尊氏は北朝を立てる。

❷ 室町幕府…**足利尊氏**が京都に開く→足利義満が南北朝統一。

◉ **東アジアの変化**

❶ 中国と朝鮮半島…中国で**明**，朝鮮半島で**朝鮮国**が建国。

❷ **日明貿易**（**勘合貿易**）…足利義満が開始。勘合で**倭寇**と区別。

❸ **琉球王国**…尚氏が沖縄島を統一。**中継貿易**で栄える。

❹ 蝦夷地…**アイヌの人々**が本州・樺太（サハリン）などと交易。

◉ **戦国時代**

❶ 戦国大名…**応仁の乱**のあと下剋上の風潮が強まり，登場。

◉ **室町時代の社会・文化**

❶ 商工業者…**座**を結成。**土倉・酒屋**が高利貸しを営む。

❷ 村の自治…**惣**（惣村）。**土一揆**で借金の帳消しを要求。

❸ 文化…**能**（世阿弥）・狂言，御伽草子，**書院造**，水墨画（雪舟）。

Step 1　基礎力チェック問題

解答▶ 別冊p.7

1 次の〔　　　〕に当てはまるものを選ぶか，当てはまる言葉を答えなさい。

☑ (1) 〔　チンギス＝ハン　　フビライ＝ハン　〕は鎌倉幕府に服属を求めた。

☑ (2) 御家人の生活苦を救うため，鎌倉幕府は〔　　　　　　　　〕を出した。

☑ (3) 鎌倉幕府の滅亡後，〔　　　　　　　　〕は建武の新政を行った。

☑ (4) 〔　　　　　　　　〕は北朝を立て，その後，京都に幕府を開いた。

☑ (5) 1404年，明に朝貢する形の〔　　　　　　　〕貿易が始まった。

☑ (6) 朝鮮半島では，高麗が滅ぼされ，〔　　　　　　〕が建国された。

☑ (7) 1467年の〔　　　　　　　　〕のあと，戦国時代となった。

☑ (8) 家来が主人に打ち勝つ〔　　　　　　　〕の風潮が広まった。

☑ (9) 村では〔　　　　　　〕という自治組織がつくられた。

☑ (10) 農民は，借金の帳消しなどを求めて〔　　　　　　　〕を起こした。

✎ **得点アップアドバイス**

1

注意 **鎌倉幕府の滅亡**

(3) 政権を取り戻そうとする後醍醐天皇の動きには，有力な御家人が味方した。

2 【元軍の襲来と鎌倉幕府の滅亡】
右の資料を見て，元寇について，次の問いに答えなさい。

A   B
（菊池神社）

☑ (1) この資料は，幕府軍と元軍の戦いを描いたものである。元軍はA・Bのどちらか，記号で答えよ。
〔　　　　　〕

☑ (2) このときの幕府の執権は誰か，答えよ。
〔　　　　　〕

3 【室町幕府の成立】
次の問いに答えなさい。

☑ (1) 後醍醐天皇が逃れた場所を，右の地図中のア～エから1つ選び，記号で答えよ。〔　　　　　〕

☑ (2) 足利尊氏が幕府を開いた場所を，右の地図中のア～エから1つ選び，記号で答えよ。〔　　　　　〕

☑ (3) 室町幕府のしくみについて，次の①・②に当てはまる語句をそれぞれ答えよ。
・将軍の補佐役として（　①　）が置かれ，細川氏などの有力な（　②　）が任命された。　①〔　　　　　〕　②〔　　　　　〕

4 【東アジアの変化】
右の年表を見て，次の問いに答えなさい。

☑ (1) 年表中の①・②に当てはまる国名を答えよ。
①〔　　　　　〕
②〔　　　　　〕

年代	で　き　ご　と
1368	中国で（　①　）が建国される
1392	朝鮮半島で（　②　）が建国される
1404	（　①　）との貿易が始まる……A
1429	琉球王国が成立する

☑ (2) 年表中のAの貿易において，正式な貿易船と倭寇を区別するために使われた証明書を何というか，答えよ。〔　　　　　〕

5 【戦国時代】【室町時代の社会・文化】
次の問いに答えなさい。

☑ (1) 応仁の乱後の下剋上の風潮の中，実力で一国の支配者となる者が現れた。このような大名を何というか。〔　　　　　〕

☑ (2) 浄土真宗の信仰で結びついた武士や農民たちが，各地で起こした一揆を何というか，答えよ。〔　　　　　〕

☑ (3) 足利義政が京都の東山に建てた，書院造と禅宗寺院の建築様式の2層からなる建物を何というか，答えよ。〔　　　　　〕

得点アップアドバイス

2
ヒント　元軍の戦法
(1) 元軍は集団戦法で，火薬を爆発させる兵器を使用している。

3
ヒント　後醍醐天皇が逃れた地
(1) 足利尊氏が新たな天皇を立てると，後醍醐天皇は，奈良の山奥に逃れて，正当な天皇であると主張した。この奈良の朝廷を南朝と呼ぶ。

4
確認　室町時代と同時期の東アジア
(1)① 同じ年に足利義満が第3代将軍となった。
(1)② 同じ年に南北朝が統一された。

5
ヒント　信仰で結びついた人々による一揆
(2) 浄土真宗は，一向宗とも呼ばれた。

暗記術　人の世むなしい応仁の乱
1467年　応仁の乱が起こる。

1 【元軍の襲来と鎌倉幕府の滅亡】

次の問いに答えなさい。

✔よくでる (1) 元軍が襲来した地域を，右の地図中の**ア〜エ**から１

つ選び，記号で答えよ。　　　　　〔　　　〕

(2) 元寇ののち，鎌倉幕府が出した徳政令は，どのよう

な人々を救おうとしたか。次の**ア〜エ**から１つ選び，

記号で答えよ。

　ア 公家　**イ** 僧　**ウ** 御家人　**エ** 農民

　　　　　　　　　　　　　　　　〔　　　〕

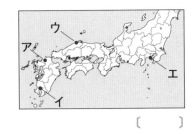

2 【室町幕府の成立】

次の問いに答えなさい。

(1) 鎌倉幕府をたおそうとした人物として当てはま

らないものを，次の**ア〜エ**から１つ選び，記号で

答えよ。

　ア 新田義貞　　**イ** 源 義経

　ウ 楠木正成　　**エ** 足利尊氏　〔　　　〕

✔よくでる (2) 右の図は，室町幕府のしくみを示している。**A**

に当てはまる役職名を答えよ。

　　　　　　　　　　〔　　　　　　　　　〕

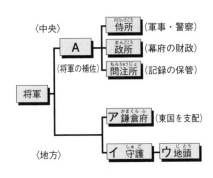

(3) 室町幕府が開かれた場所を，次の**ア〜エ**から１つ選び，記号で答えよ。

　ア 奈良　**イ** 大阪　**ウ** 京都　**エ** 博多　　　　　　　　　　〔　　　〕

(4) 南北朝の動乱が続く中で，国司に代わって，その国を自分の領地として支配するよ

うになった役職を，図中の**ア〜ウ**から１つ選び，記号で答えよ。　　〔　　　〕

✔よくでる (5) 室町幕府第３代将軍の名を答えよ。　　　　　　　　〔　　　　　　　　　〕

3 【東アジアの変化】

右の地図を見て，次の問いに答えなさい。

思考 (1) 室町幕府は，地図中の**A**の国に朝貢する形で，

右下の資料の証明書を用いて貿易を行った。この

証明書を用いた目的を，簡単に説明せよ。

　[

(2) 地図中の**B**の国でつくられた，独自の文字を何というか。

　　　　　　　　　　　　　　　　〔　　　　　　　　　〕

✔よくでる (3) ①琉球王国が栄えた地域，②蝦夷地と呼ばれた地域を，地図中の**ア〜**

エから１つずつ選び，記号で答えよ。　　①〔　　　〕 ②〔　　　〕

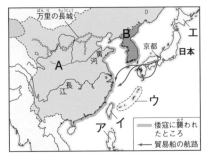

4 【戦国時代】

右の地図を見て，次の問いに答えなさい。

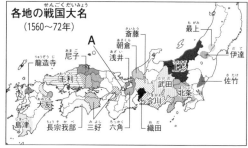

各地の戦国大名
（1560〜72年）

✓よくでる (1)　地図中のAの都市で 1467 年に始まった戦乱を何というか，答えよ。

〔　　　　　　　　　　〕

(2)　(1)の戦乱が起こったときの室町幕府の将軍は誰か，答えよ。〔　　　　　　　　　　〕

(3)　地図中の今川氏や武田氏などの大名が，領国の支配のために独自に定めた法律を何というか，答えよ。また，これらの大名が城を中心に，家来や商工業者を集めてつくった町を何というか。

法律〔　　　　　　　　　　〕　町〔　　　　　　　　　　〕

5 【室町時代の社会・文化】

右の資料を見て，次の問いに答えなさい。

(1)　資料1のようなきまりを定めた農村の自治組織を何というか。〔　　　　　　　　　　〕

ミス注意 (2)　資料2の碑文と関係のある一揆を，次のア〜ウから1つ選び，記号で答えよ。〔　　　　　　〕

ア　土一揆　　イ　国一揆　　ウ　一向一揆

✓よくでる (3)　次の①〜③の人物に最も関連の深いことがらを，右のア〜カから1つずつ選び，記号で答えよ。

① 足利義政〔　　　　〕　　② 雪舟〔　　　　〕

③ 世阿弥〔　　　　〕

資料1

一，村の共有地と私有地の境界の争いは，金で解決しなさい。

資料2

正長元年ヨリサキ者，カンヘ四カンカウニヲキメアルヘカラス

ア　金閣　　イ　銀閣
ウ　能　　　エ　水墨画
オ　連歌　　カ　御伽草子

入試レベル問題に挑戦

6 【室町幕府の成立】

次の文を読んで，あとの問いに答えなさい。

A　足利尊氏が征夷大将軍に任じられ，幕府を開いた。

B　元号が（　　　）と定められ，後醍醐天皇による（　　　）の新政が始まった。

C　足利尊氏が京都に新しい天皇を立て，後醍醐天皇は吉野に逃れた。

(1)　A〜Cのできごとは2年おきに起こった。A〜Cを年代の古い順に並べ，記号で答えよ。また，最後に起こったできごとの年代を次のア〜エから1つ選び，記号で答えよ。

〔　　→　　→　　〕　〔　　　　　〕

ア　1334 年　　イ　1336 年　　ウ　1338 年　　エ　1340 年

(2)　文中の（　　　）に共通して当てはまる元号を答えよ。〔　　　　　　　　　　〕

ヒント

鎌倉時代から室町時代への移行期は，できごとが入り組んでいるが，2年おきにとらえると理解しやすい。2番目に起こったできごとは南北朝時代の始まりである。

定期テスト予想問題 ②

1 右の表を見て，次の問いに答えなさい。

[2点×10]

(1) 表中の下線部**A・B**について，これらの反乱・戦乱が起こった地域を，右下の地図中の**ア～エ**から1つずつ選び，記号で答えよ。

(2) 表中の下線部**B**の戦乱が起こった地域では，のちに金や馬の産出により富を築いた一族が現れた。この一族を，次の**ア～エ**から1つ選び，記号で答えよ。

	人物	政治の内容
Ⅰ	平将門	・藤原氏に仕えていた武士であるが，国司の役所を襲って_A反乱を起こし，朝廷とは別の政府をつくろうとした。
Ⅱ	源義家	・地方で起こった_B2度の戦乱に対して，_C武士たちを率いてこれをしずめた。これ以降，源氏は東日本で大きな勢力を築いた。
Ⅲ	白河上皇	・_D天皇の位を譲り上皇になったのちも，政治に勢いをふるった。 ・多くの　E　が院のもとに集まった。
Ⅳ	平清盛	・武士として初めて太政大臣となった。 ・_F大輪田泊を整えて，宋との貿易を進めた。

ア 蘇我氏　　**イ** 源氏
ウ 奥州藤原氏　**エ** 平氏

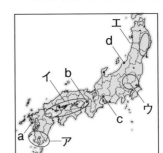

(3) 下線部**C**について，主人と家の子，郎党，下人の主従関係から成り立つ武士のまとまりを何というか。

(4) 下線部**D**の政治を何と呼ぶか。

(5) 表中の**E**には，天皇家や有力な貴族・寺社の所有した私有地が当てはまる。これを何というか。

(6) 表中の**Ⅳ**について，平清盛が関わった次の①・②の戦乱を，あとの**ア～オ**から1つずつ選び，記号で答えよ。

① 天皇家と藤原氏の内部で起こった争いに平清盛と源義朝が参加し，急速にその地位を高めた。

② 藤原氏内部の対立をきっかけに，源氏と平氏の間で争いが起こり，平清盛が源義朝を破った。

　　ア 保元の乱　　**イ** 弘安の役　　**ウ** 白村江の戦い
　　エ 平治の乱　　**オ** 文永の役

(7) 表中の**Ⅳ**について，平清盛の援助で整備された建造物を，次の**ア～エ**から1つ選び，記号で答えよ。

　　ア 厳島神社　**イ** 中尊寺金色堂　**ウ** 平等院鳳凰堂　**エ** 東大寺南大門

(8) 表中の下線部**F**の港はどこにあったか。地図中の**a～d**から1つ選び，記号で答えよ。

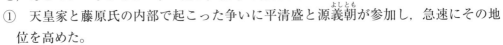

(1)A		B	(2)		(3)			(4)	
(5)				(6)①		②		(7)	(8)

2 右の年表を見て，次の問いに答えなさい。

【(6) 8点，他2点×10】

(1) 年表中の**A**の戦いで活躍した武将を，次のア～エから1つ選び，記号で答えよ。
　　ア　藤原純友　　　イ　楠木正成
　　ウ　源義経　　　　エ　源義朝

(2) 年表中の下線部**B**が幕府を開いた地を，次のア～エから1つ選び，記号で答えよ。
　　ア　平泉　　　　イ　兵庫
　　ウ　京都　　　　エ　鎌倉

(3) **資料1**は，年表中の**B**の人物が開いた幕府のしくみを表している。**あ**に当てはまる将軍の補佐役，**い**に当てはまる朝廷の監視を行った役職を答えよ。

(4) 年表中の　**C**　の乱は，幕府軍が朝廷軍を破った戦いである。**C**に当てはまる語句を答えよ。

(5) 年表中の**D**・**F**の法令で示された内容を，次のア～オから1つずつ選び，記号で答えよ。
　　ア　裁判や政治の基準　　イ　村のおきて
　　ウ　税のしくみ　　　　エ　御家人の借金の帳消し
　　オ　役人の心構え

思考 (6) **資料2**は，年表中の時期に紀伊国（和歌山県）の農民たちがつくった訴状である。農民たちは何を訴えたかったのか，**資料1**中の語句を1つ用いて，簡単に説明せよ。

(7) 年表中の**E**について，次の問いに答えよ。
　① **資料3**中の**う**・**え**は，このとき襲来した国を示している。**う**の国名を漢字1字で，**え**の国名を漢字2字で，それぞれ答えよ。
　② 日本に襲来したときの**う**の国の皇帝を，次のア～エから1つ選び，記号で答えよ。
　　ア　チンギス＝ハン　　イ　始皇帝
　　ウ　フビライ＝ハン　　エ　ムハンマド

年代	できごと
1185	壇ノ浦の戦いで平氏が滅びる………**A**
1192	**B** 源頼朝が征夷大将軍に任じられる
1221	**C**　の乱が起こる
1232	**D** 御成敗式目が制定される
1274	外国軍が襲来する………………**E**
1297	**F** 徳政令が出される

資料1

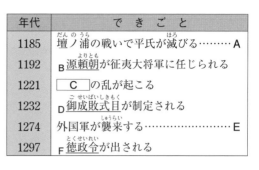

資料2

（農民を）何かにつけて人夫としてこき使うので，材木を山出しするひまがありません。また，「逃げ出した百姓の畑に麦をまけ」と要求し，「麦をまかないと，女や子どもを捕らえ，耳を切り，鼻をそぎ，髪を切って痛めつけるぞ」とせめられます。

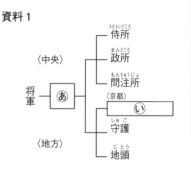

(1)		(2)			

(3)	**あ**		**い**		(4)	

(5)	D	F		(6)		

(7)	① **う**		**え**		②	

3 次の文を読んで，あとの問いに答えなさい。

【(2) 7点，他2点×11】

　　鎌倉幕府の力が失われると，有力な御家人である足利尊氏や新田義貞が幕府にそむき，1333年に鎌倉幕府は滅んだ。（　①　）天皇の_a建武の新政が失敗に終わると，_b朝廷が2つに分裂し，尊氏が再び武士による政権をつくった。混乱の中，全国の武士が有利な方について争う，南北朝の動乱が約60年間続いた。第3代将軍足利義満のころに南北朝は統一され，国内は安定し始めた。_c東アジアにも変化が起こり，_d中国・朝鮮・_e琉球王国などとの間でさかんに貿易が行われるようになった。また，室町時代には農民の生活が向上し，（　②　）と呼ばれる自治的な村がつくられ，領主に対して同じ要求をする人々が団結を固め，_f一揆が起こった。

　　義満の死後，将軍の力は弱まり，有力な守護大名が政治の実権を握るようになった。第8代将軍足利義政のあと継ぎ争いをめぐり，有力な守護大名の細川氏と山名氏が対立すると，1467年に（　③　）が始まった。

(1)　①〜③に当てはまる語句をそれぞれ答えよ。

[思考](2)　下線部aについて，なぜ建武の新政は失敗に終わったのか。「公家」，「武士」という語句を用いて，簡単に説明せよ。

(3)　下線部bについて，北朝と南朝が置かれた場所の正しい組み合わせを，次のア〜エから1つ選び，記号で答えよ。

　　ア　北朝—吉野　南朝—飛鳥　　イ　北朝—吉野　南朝—京都
　　ウ　北朝—京都　南朝—吉野　　エ　北朝—京都　南朝—飛鳥

(4)　下線部cについて，このころ中国と朝鮮半島におこった国を，次のア〜カから1つずつ選び，記号で答えよ。

　　ア　朝鮮国　イ　明　ウ　高麗　エ　宋　オ　新羅　カ　元

(5)　下線部dについて，中国や朝鮮半島との貿易を行い，ときには海賊となって大陸沿岸を襲った人々を何というか，答えよ。

(6)　下線部eの国は，現在のどの地域に栄えていたか。次のア〜エから1つ選び，記号で答えよ。

　　ア　北海道　イ　長崎県　ウ　島根県　エ　沖縄県

(7)　下線部fについて，1428年，近江(滋賀県)の馬借や京都周辺の農民が，徳政令を出すことを幕府に要求するとともに，酒屋や土倉に押しかけた一揆を何というか，答えよ。

(8)　（　③　）のあと，各地の守護大名が家臣にたおされるなど，下の身分の者が実力で上の者にとって代わる風潮が広まった。これを何というか。また，守護大名の地位を奪って実力で領国を治めた大名を何というか，答えよ。

(1) ①		②		③	
(2)					
(3)	(4) 中国		朝鮮半島	(5)	
(6)	(7)		(8) 風潮		大名

4 次の表を見て，あとの問いに答えなさい。

時代	主な人物	文化の特色	主な文化
鎌倉時代	①運慶	・a武士の気風を反映した力強い文化である。 ・b武士や庶民にも信仰できる仏教が現れる。	ア『平家物語』，イ『徒然草』，ウ金剛力士像
室町時代	②世阿弥	・公家の文化と武家の文化がとけ合った文化である。 ・c金閣に代表されるはなやかな文化が栄える。	ア能（能楽），イ茶の湯，ウ連歌
	足利義政	・d銀閣に代表されるe禅宗の影響を受けた文化が栄える。 ・自治を進めた民衆が豊かな文化をもつ。	（　f　），g水墨画，h御伽草子

(1) ①・②の人物に最も関連の深いことがらを，表中のそれぞれの時代の下線部ア～ウから1つずつ選び，記号で答えよ。

(2) 下線部aについて，名誉を重視して恥をきらう武士らしい心構えとして，「弓馬の道」や「（　　）の道」が挙げられる。（　　）に当てはまる語句を答えよ。

(3) 下線部bについて，次の①・②の僧が説いた教えの特色を，あとのA～Cからそれぞれ選び，正しい組み合わせを，右のア～エから1つ選び，記号で答えよ。

① 道元　　② 親鸞

　A　題目を唱えれば国も人々も救われる。

　B　座禅を組むことによって，自分で悟りを開こうとする。

　C　阿弥陀仏を信じてひたすら念仏を唱えなさい。

ア	①—A	②—B
イ	①—B	②—C
ウ	①—C	②—B
エ	①—B	②—A

(4) 下線部cを建てた将軍の名を答えよ。

(5) 下線部dの特色を，次のア～エから1つ選び，記号で答えよ。

　ア　禅宗の寺の建築方式が使われた。

　イ　寝殿造と禅宗の寺で用いられた様式を組み合わせた。

　ウ　地面を掘り下げ，その上を屋根で覆った。

　エ　板ぶきの簡素な屋敷だった。

(6) 足利義政のころのeの文化を何というか。

(7) fには，寺院の建築様式を武家の住居に取り入れた建築様式が当てはまる。当てはまる語を答えよ。

(8) 下線部gの絵画を描いた人物を，次のア～エから1つ選び，記号で答えよ。

　ア　兼好法師　　イ　世阿弥　　ウ　鴨長明　　エ　雪舟

(9) 下線部hについて，御伽草子に当てはまるものを，次のア～エから1つ選び，記号で答えよ。

　ア　源氏物語　　イ　風土記　　ウ　一寸法師　　エ　新古今和歌集

(1) ①	②	(2)		(3)	(4)	
(5)	**(6)**		**(7)**		**(8)**	**(9)**

1 ヨーロッパの世界進出

リンク
ニューコース参考書
中学歴史
p.100〜107

攻略のコツ 新航路開拓と宗教改革の進展により，日本にもたらされた変化を理解しよう。

テストに出る！ 重要ポイント

● **中世ヨーロッパと イスラム世界**

❶ **キリスト教**…ローマ帝国の分裂後（4世紀），**ローマ教皇（法王）** を首長とする**カトリック教会**が発展→**十字軍**の遠征（11世紀末）で，聖地エルサレム奪回を目指す。

❷ **イスラム世界**…7世紀に**イスラム帝国成立**→15世紀にオスマン帝国がビザンツ帝国（東ローマ帝国）を征服。

❸ **ルネサンス**（文芸復興）…14〜16世紀，イタリアから西ヨーロッパへ。レオナルド＝ダ＝ビンチ，ミケランジェロ。

❹ **宗教改革**…ルターら。ローマ教皇の免罪符の販売に抗議。

● **ヨーロッパの 世界進出**

❶ 新航路の開拓…**コロンブス**（西インド諸島に到達），**バスコ＝ダ＝ガマ**（インド航路），**マゼラン**の船隊（世界一周）。

❷ ポルトガル→インド・東南アジアへ。スペイン→アメリカ大陸へ。

● **ヨーロッパ人の 来航**

❶ **鉄砲**の伝来…1543年，ポルトガル人が種子島に伝える。

❷ キリスト教の伝来…1549年，イエズス会の宣教師**フランシスコ＝ザビエル**が伝える→**南蛮貿易**。

Step 1 基礎力チェック問題

解答▶ 別冊p.9

1 次の〔 〕に当てはまるものを選ぶか，当てはまる言葉を答えなさい。

☑ (1) 11世紀末，ローマ教皇の呼びかけで，イスラム勢力から聖地エルサレムの奪回を目指す〔　　　　　〕の派遣が始まった。

☑ (2) 14世紀，イタリアで〔　　　　　〕（文芸復興）が始まった。

☑ (3) 16世紀，ドイツでルターが，〔　　　　　〕を始めた。

☑ (4) スペインの支援を受けた〔　　　　　〕は，大西洋を西に進み，カリブ海の西インド諸島に到達した。

☑ (5) ポルトガルのバスコ＝ダ＝ガマは，大西洋を南下してアフリカ南端を回って，〔　インド　　アメリカ大陸　〕に到達した。

☑ (6) 〔　　　　　〕の船隊は，初めて世界一周に成功した。

☑ (7) 種子島に漂着した〔　　　　　〕人が，日本に鉄砲を伝えた。

得点アップアドバイス

1 ・・・・・・・・・・・

確認 **文芸復興の 動き**

(2) 古代ギリシャ・ローマの文化を理想とした。

確認 **航路開拓の 目的**

(4)〜(6) キリスト教を広めること，香辛料などのアジアの産物を直接手に入れること。

2 【中世ヨーロッパとイスラム世界】
次の問いに答えなさい。

- ☑(1) 十字軍の遠征（えんせい）を呼びかけたカトリック教会の首長を何というか。
  〔　　　　　　　〕

- ☑(2) 16世紀に改革を始めたルターらの考えを支持した人々は，何と呼ばれたか。カタカナで答えよ。
  〔　　　　　　　〕

- ☑(3) (2)の人々に対抗して始まった，カトリック教会の改革の中心となった組織を何というか。
  〔　　　　　　　〕

- ☑(4) ルネサンスは古代（　　　）・ローマの文化を理想としていた。（　　　）に当てはまる語句を答えよ。
  〔　　　　　　　〕

3 【ヨーロッパの世界進出】
右の表を見て，次の問いに答えなさい。

- ☑(1) 表中のA～Cに当てはまるヨーロッパの国名を，次のア～エから1つずつ選び，記号で答えよ。

  ア　スペイン　　イ　オランダ
  ウ　イタリア　　エ　ポルトガル

  A〔　　　　〕　B〔　　　　〕
  C〔　　　　〕

国	海外への進出
A	西インド諸島へ進出した。
B	バスコ＝ダ＝ガマによる航路発見のあと，インドへ進出した。
C	16世紀，A国から独立してアジアへ進出した。

- ☑(2) Aの国はメキシコで鉱山を開発し，何という資源をヨーロッパへ持ち帰ったか，答えよ。
  〔　　　　　　　〕

- ☑(3) Aの国が征服（せいふく）した，アメリカ大陸で栄えていた国を，次のア～エから2つ選び，記号で答えよ。

  ア　アステカ王国　　イ　オスマン帝国（ていこく）
  ウ　ムガル帝国　　　エ　インカ帝国
  〔　　　　〕〔　　　　〕

4 【ヨーロッパ人の来航】
右の年表を見て，次の問いに答えなさい。

- ☑(1) 年表中の①・②に当てはまる語句や地名を答えよ。

  ①〔　　　　　　〕
  ②〔　　　　　　〕

年代	で き ご と
1543	ポルトガル人が種子島に（　①　）を伝える　………A
1549	フランシスコ＝ザビエルが（　②　）に来航してBキリスト教を伝える

- ☑(2) 年表中のAのあと，日本との間で始まった貿易を何というか，答えよ。
  〔　　　　　　　〕

- ☑(3) 日本で年表中の下線部Bの信者となった人は何と呼ばれたか，カタカナで答えよ。
  〔　　　　　　　〕

得点アップアドバイス

2

確認　**宗教改革の広まり**

(2) スイスでは，カルバンが改革を始めた。その後，かれらの教えは，イギリスやフランス，オランダなどへ広まった。

3

ヒント　**ヨーロッパ諸国の世界進出**

(1)
A…コロンブスの航海を支援した国。
B…Aとともに，大航海時代の先がけとなった国。
C…江戸（えど）時代に，日本との貿易を続けた国。

確認　**アメリカ大陸の植民地化**

(2) 武力で征服した先住民やアフリカから連れてきた奴隷（どれい）などを使って，採掘（さいくつ）を行った。

4

ヒント　**ヨーロッパ人との出会い**

(1)① 戦国大名（せんごくだいみょう）の戦法を大きく変えた武器である。

暗記術　**1543 以後予算が増えた鉄砲伝来**

1543年　鉄砲が日本に伝来する。

1 【中世ヨーロッパとイスラム世界】
右の年表を見て，次の問いに答えなさい。

(1) 年表中の①に当てはまる人物名
を答えよ。

〔　　　　　〕

世紀	で き ご と
7	（　①　）がイスラム教を開く
	イスラム帝国が成立する……………………A
8	カトリック教会が勢いを増す
11	第1回の十字軍の遠征が行われる…………B
14	イタリアで新しい文化の動きがおこる………C
16	ドイツでルターが（　②　）を始める…………D

(2) 年表中のAについて，次の問い
に答えなさい。

① イスラム世界の拡大はどこか
ら始まったか，次のア〜エから
1つ選び，記号で答えよ。
ア 黄河流域　　イ アンデス山脈
ウ アラビア半島　　エ ジャワ島

〔　　　　　〕

ミス注意 ② イスラム世界で生み出されたものを，次のア〜エから1つ選び，記号で答えよ。
ア アラビア数字　　イ 地動説
ウ 新約聖書　　エ ハンムラビ法典

〔　　　　　〕

(3) 年表中のBについて，十字軍はイスラム勢力の領土になっていた聖地（　　）を奪
い返すことを目的としていた。（　　）に当てはまる地名を答えよ。

〔　　　　　〕

✓よくでる (4) 年表中のCについて，次の問いに答えよ。

① この文化の動きを何というか。

〔　　　　　〕

② この文化の動きでは，古代の（　　）や（　　）の文化が理想とされた。（　　）
に当てはまるものを，次のア〜オから2つ選び，記号で答えよ。
ア メソポタミア　　イ ギリシャ　　ウ 中国
エ インド　　オ ローマ

〔　　　〕〔　　　〕

ミス注意 ③ 次のa〜cは，①の時期に活躍した人物である。それぞれの作品をあとのア〜オ
から1つずつ選び，記号で答えよ。

a ボッティチェリ　　b ミケランジェロ　　c レオナルド＝ダ＝ビンチ
ア 三美神　　イ ダビデ　　ウ モナ＝リザ
エ 春　　オ 神曲

a〔　　　〕 b〔　　　〕 c〔　　　〕

(5) 年表中の②に当てはまる語句を答えよ。

〔　　　　　〕

(6) 年表中のDののち，スイスで(5)を始めた人物名を答えよ。

〔　　　　　〕

2 【ヨーロッパの世界進出】
右の地図を見て，次の問いに答えなさい。

✔よくでる (1) 地図中の①〜③の航路を開いた人物や船隊を，次のア〜ウから１つずつ選び，記号で答えよ。

ア バスコ＝ダ＝ガマ

イ マゼランの船隊　　ウ コロンブス

①〔　　　　　〕②〔　　　　　〕

③〔　　　　　〕

(2) 地図中の**A**の文明（国）を滅ぼした国と，**B**を拠点に貿易を行った国の名をそれぞれ答えよ。

A〔　　　　　　　　〕B〔　　　　　　　　〕

思考 (3) 地図中の③による航海の結果，証明されたことを，簡単に説明せよ。

〔　　　　　　　　　　　　　　　　　　　　　　　　　　　　　〕

3 【ヨーロッパ人の来航】
右の地図を見て，次の問いに答えなさい。

(1) ポルトガル人によって鉄砲が伝えられた島を，地図中のア〜エから１つ選び，記号で答えよ。〔　　　　　〕

✔よくでる (2) 鉄砲の生産がさかんに行われた場所を，次のア〜エから１つ選び，記号で答えよ。〔　　　　　〕

ア 山口　イ 博多　ウ 鹿児島　エ 堺

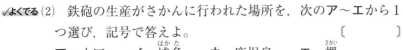

(3) 地図中の**A**に来航し，キリスト教を伝えたザビエルは，カトリックの何という団体の宣教師だったか，答えよ。〔　　　　　　　　　　〕

入試レベル問題に挑戦

4 【ヨーロッパの世界進出】
右の図は，16世紀の大西洋の三角貿易を示している。次の文中の①・②に当てはまる語句を図中から１つずつ選んで答えよ。

・スペイン人がアメリカ大陸に持ち込んで栽培した農作物を原料に（ ① ）がつくられ，ヨーロッパへ送られて高値で取り引きされた。

・ヨーロッパ人はアフリカの人々を（ ② ）としてアメリカ大陸に連れていった。

①〔　　　　　　〕②〔　　　　　　〕

※A〜Cにはヨーロッパ，アフリカ，アメリカ大陸のいずれかが当てはまる。

ヒント

奴隷が送られているAがアメリカ大陸。スペイン人は，アメリカ大陸にさとうきびなどを持ち込んで栽培した。図中にある貿易品のうち，さとうきびを原料とするものを考える。

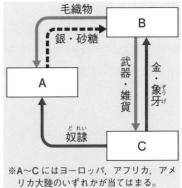

2 織田信長・豊臣秀吉の全国統一

攻略のコツ 2人の戦国大名の違いを経済・宗教・戦乱の面から比較して押さえよう。

テストに出る! 重要ポイント

◉ **織田信長の事業**

❶ 桶狭間の戦いで今川義元を破り，勢力を拡大→室町幕府を滅ぼす→**長篠の戦い**で鉄砲を利用して武田軍を破る→**安土城**を築き，城下で**楽市・楽座**を実施→家臣の明智光秀にそむかれ自害（**本能寺の変**）。

❷ 宗教…キリスト教を保護し，一向一揆や石山本願寺などの仏教勢力を抑える。

◉ **豊臣秀吉の統一**

❶ 信長の後継者となり，**太閤検地**，**刀狩**で兵農分離を進める → 1590 年に全国統一。

❷ **朝鮮侵略**…明を征服するため朝鮮へ2度出兵。

◉ **安土桃山時代の文化**

❶ **桃山文化**…雄大な天守をもつ城。狩野永徳らの豪華な絵（濃絵）。千利休のわび茶。出雲の阿国が始めたかぶき踊り。

❷ **南蛮文化**…ポルトガル人やスペイン人がもたらした天文学・活版印刷術などヨーロッパの文化。

Step 1 基礎力チェック問題

解答 別冊p.9

1 次の〔　　〕に当てはまるものを選ぶか，当てはまる言葉を答えなさい。

☑ (1) 織田信長は，〔　　　　　　　　　〕の戦いで武田軍を破った。

☑ (2) 信長は〔　大阪城　安土城　〕を築いて本拠地とした。

☑ (3) 信長は，京都の本能寺で家臣の〔　　　　　　　〕にそむかれ自害した。

☑ (4) 豊臣秀吉は田畑の面積，土地のよしあし，耕作者を調べ，収穫高を石高で表した。この政策を〔　　　　　　　〕という。

☑ (5) 秀吉は〔　　　　　　　〕を行って，百姓から武器を取り上げた。

☑ (6) 秀吉は，明を征服するために〔　ベトナム　朝鮮　〕へ出兵した。

☑ (7) 戦国時代から安土桃山時代にかけて来日した，キリスト教の宣教師などのヨーロッパ人がもたらした文化を，〔　　　　　　　〕という。

☑ (8) 〔　　　　　　　〕・山楽らは，城の内部に豪華な絵を描いた。

☑ (9) 〔　　　　　　　〕は，わび茶と呼ばれる芸能を完成させた。

得点アップアドバイス

1

✔ 確認 **織田信長の本拠地**

(2) 日本で初めて本格的な天守をもつ城。信長の死後，焼失した。

✔ 確認 **豊臣秀吉の海外侵略**

(6) 秀吉は明の征服を目指し，その道筋にある国に対し道案内などを要求したが，拒否されたために出兵した。

2 【織田信長の事業】
信長についてまとめた右の表を見て，次の問いに答えなさい。

☑ (1) 表中の**A**に当てはまる，誰でも自由に商工業ができるようにするための政策を何というか，答えよ。
〔　　　　　　　〕

☑ (2) 表中の**B・C**に当てはまる語句を答えよ。

B〔　　　　　　　〕　C〔　　　　　　　〕

分野	内容
商工業	城下で（　**A**　）を実施した。
仏教	（　**B**　）一揆，石山本願寺，比叡山（　**C**　）を弾圧した。
キリスト教	貿易の利益のため，布教を許した。
戦法	（　**D**　）を活用した。

☑ (3) 表中の**D**に当てはまる武器の名を答えよ。〔　　　　　　　〕
☑ (4) 信長が，明智光秀にたおされたのは京都の何という寺か，答えよ。
〔　　　　　　　〕

3 【豊臣秀吉の統一】
次の問いに答えなさい。

☑ (1) 豊臣秀吉の政策について，次の①～③に当てはまる語句を答えよ。
（　①　）に，（　②　）に応じた年貢を納めることを義務づけた。また，刀などの武器を（　①　）や寺社から取り上げた。これらの政策によって，①と武士の身分を明確に区別する（　③　）が進んだ。
①〔　　　　　　〕 ②〔　　　　　　〕 ③〔　　　　　　〕

☑ (2) 秀吉が築き，全国統一の拠点とした城を何というか。
〔　　　　　　　〕

☑ (3) 右の地図は，秀吉が地図中の**A**を侵略したときの進路を表している。**A**に当てはまる国名を答えよ。〔　　　　　　　〕

☑ (4) 地図中の**ア・イ**のうち，途中で秀吉が死亡して全軍が引き揚げた戦いはどちらか，記号で答えよ。
〔　　　　　　　〕

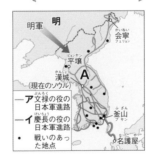

4 【安土桃山時代の文化】
次の問いに答えなさい。

☑ (1) 右の資料は，（　　）の国と日本の言葉の交流を表している。（　　）に当てはまる国名を答えよ。〔　　　　　　　〕
☑ (2) 千利休が完成させた芸能を何というか。
〔　　　　　　　〕

（　）語	⟷	日本語
Castella	→	カステラ
Copo	→	コップ
Carta	→	カルタ
Catana	←	刀
Cha	←	茶
Biombo	←	屏風

得点アップアドバイス

2
✔確認 **信長の商業政策**
(1) 同時に，流通の妨げとなっていた各地の関所を廃止した。

ヒント **信長の宗教政策**
(2) **C**は最澄が開いた寺院である。

注意 **信長の合戦**
(3) 信長の合戦は，「桶狭間の戦い→長篠の戦い」の順。鉄砲を活用したのは長篠の戦い。

3
✔確認 **身分の区別の確立**
(1) ③は江戸時代の幕藩体制の基礎となった。

暗記術 **1590 一国はついに統一秀吉さん**
1590年 豊臣秀吉が全国を統一する。

4
ヒント **ヨーロッパ文化の伝来**
(1) 日本に鉄砲を伝えた国である。

1 【織田信長の事業】

右の地図を見て，次の問いに答えなさい。

(1) 地図中の**A**での戦いで織田信長がたおした戦国大名の名を答えよ。　〔　　　　　〕

(2) 信長は，地図中の**B**の都市から将軍を追放して室町幕府を滅ぼした。この将軍の名を，次のア～エから1つ選び，記号で答えよ。

　ア　足利尊氏　　　イ　足利義昭
　ウ　足利義政　　　エ　足利義満　〔　　　〕

思考 (3) 地図中の**C**での戦いについて，右の資料は，織田・徳川連合軍と武田軍が戦っている様子を描いたものである。織田・徳川連合軍にあたる軍勢は，ア・イのどちらか。記号と，そのように判断できる理由を答えよ。　記号〔　　　〕

理由〔　　　　　　　　　　　　〕

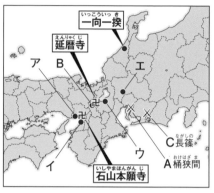

（徳川美術館所蔵　©徳川美術館イメージアーカイブ/DNPartcom）

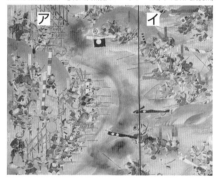

✓よくでる (4) 信長が統一事業の本拠地とし，その城下町で楽市・楽座を実施した城の場所を，地図中のア～エから1つ選び，記号で答えよ。〔　　　〕

(5) 地図中の□は，信長が弾圧した（　①　）勢力である。いっぽうで信長は，（　①　）勢力への対抗と貿易による利益のために，（　②　）を保護した。①・②に当てはまる宗教名を答えよ。　　　　①〔　　　　　〕②〔　　　　　〕

2 【豊臣秀吉の統一】

右の資料を見て，次の問いに答えなさい。

✓よくでる (1) 資料1について，豊臣秀吉が行った検地に関する次の文中の①～③に当てはまる語句を，それぞれ答えよ。

・土地の収穫量を米の体積である（　①　）で表した。
・実際に耕作する（　②　）に土地の権利が認められた。
・公家などの（　③　）領主は土地の支配権を失った。

　　①〔　　　　　〕
　　②〔　　　　　〕
　　③〔　　　　　〕

資料1　（玄福寺）

資料2

諸国の百姓が（　**A**　）やわきざし，弓，やり，鉄砲その他の武具などを持つことは固く禁止する。不必要な武具を蓄え，年貢その他の税をなかなか納入せず，ついには（　**B**　）をくわだてたりして，領主に対しよからぬ行為をする者は，もちろん処罰する。

✓よくでる (2) 資料2中の**A**・**B**に当てはまる語句を答えよ。

　　A〔　　　　　〕
　　B〔　　　　　〕

3 【豊臣秀吉の統一】

豊臣秀吉に関する右の年表を見て，次の問いに答えなさい。

年代	で き ご と
1582	山崎の戦いで（　A　）を破る
	太閤検地を始める
1583	大阪城の築城を始める
1588	（　B　）令を出す
1592	朝鮮へ兵を出す……………C
1597	再度朝鮮へ兵を出す

(1)　秀吉は年表中のAの人物をたおし，その後，信長の後継者となった。Aに当てはまる人物名を答えよ。　〔　　　　　　　〕

(2)　一揆を防ぐなどの目的で秀吉が出した，年表中の（　B　）に当てはまる命令を何というか。　〔　　　　　　令〕

✓よくでる (3)　年表中のCについて，秀吉は中国の何という王朝を征服することを目的として，朝鮮に出兵したか，答えよ。〔　　　　　　　〕

(4)　年表中のCのとき，朝鮮から連れてこられた人々の職業に当てはまるものを，次のア〜エから1つ選び，記号で答えよ。

ア　画家　　イ　地理学者　　ウ　宣教師　　エ　陶工　　　　〔　　　〕

4 【安土桃山時代の文化】

次の問いに答えなさい。

（妙喜庵）

✓よくでる (1)　右の写真のような茶室で行う質素なわび茶を完成させた人物名を答えよ。　〔　　　　　　　〕

(2)　狩野永徳が描いた絵画を，次のア〜エから1つ選び，記号で答えよ。

ア　天橋立図　　　　　イ　秋冬山水図
ウ　唐獅子図屏風　　　エ　源氏物語絵巻　〔　　　〕

ミス注意 (3)　桃山文化の特色を，次のア〜エから1つ選び，記号で答えよ。

ア　豪華で雄大である。　　　イ　簡素で気品がある。
ウ　優美で細やかである。　　エ　仏教の影響が強い。　　　〔　　　〕

入試レベル問題に挑戦

5 【豊臣秀吉の統一】

右の史料は，豊臣秀吉が出したバテレン（キリスト教宣教師）追放令の一部であるが，実際には宣教師の追放は不徹底に終わった。その理由を，史料をもとに考え，簡単に説明せよ。

[

]

> バテレン追放令（1587年）
>
> 一，日本は神国であるから，キリシタンの国から悪い教えを受けるのは非常によくない。
>
> 一，バテレンは，日本の仏教を破壊するけしからんことをしている。20日以内に日本を退去せよ。
>
> 一，ポルトガル・スペイン船は商売目的の船なので，今後も来航して，いろいろと売買をしてよい。
>
> （『松浦家文書』より一部要約）

ヒント

秀吉は最初，キリスト教を保護していたが，長崎が教会領になったことなどから宣教師の国外追放を命じた。このころ宣教師たちは，貿易船で来航していた。

江戸幕府の成立と鎖国

リンク
ニューコース参考書
中学歴史
p.118〜125

攻略のコツ 幕藩体制による統制を身分別に押さえるとともに，鎖国までの流れをとらえよう。

テストに出る！ **重要ポイント**

● 江戸幕府の成立

❶ **徳川家康**…関ヶ原の戦いで勝利→江戸幕府を開く。

❷ 幕藩体制…大名を**親藩・譜代大名・外様大名**に分けて配置。**武家諸法度**を定め，**参勤交代**などにより大名を統制。

● 身分ごとの暮らし

❶ **武士**…支配階級。名字・帯刀などの特権。

❷ **百姓**…全人口の約85%。五人組で年貢の納入に連帯責任。

❸ **町人**…商人と職人。主に城下町に住む。

❹ 差別された人々…えた身分・ひにん身分。

● 対外関係

❶ **朱印船貿易**…幕府が貿易を認めた船に**朱印状**を発行。

❷ 禁教…キリスト教を禁止し，**島原・天草一揆**を鎮圧。

❸ 鎖国（第3代将軍**徳川家光**）…1639年，ポルトガル船の来航を禁止→1641年，オランダ商館を出島に移す。

❹ 鎖国下の窓口…長崎でオランダ・中国と貿易。対馬藩（朝鮮と交流，**朝鮮通信使**），薩摩藩（琉球を征服，琉球使節），松前藩（蝦夷地，アイヌの人々と交易）。

Step 1 基礎力チェック問題

解答▶ 別冊p.10

1 次の〔　〕に当てはまるものを選ぶか，当てはまる言葉を答えなさい。

☑ (1) 徳川家康は〔 関ヶ原　長篠 〕の戦いで石田三成らを破った。

☑ (2) 1603年，家康は〔　　　　　　　　〕に幕府を開いた。

☑ (3) 大名は親藩・譜代大名・〔　　　　　　　　〕大名に分けられた。

☑ (4) 〔　　　　　　　　〕を制度化し，大名に1年おきに江戸と領地を往復させた。

☑ (5) 〔　　　　　　　　〕は，年貢を納め，武士の生活を支えていた。

☑ (6) 〔　　　　　　　　〕を発行された貿易船によって，主に東南アジアとの貿易が行われた。

☑ (7) 1637年，九州で〔　　　　　　　　〕一揆が起こった。

☑ (8) 1641年，〔　　　　　　　　〕の商館は，長崎の出島へ移された。

☑ (9) 〔　　　　　　　　〕の人々は，松前藩から不利な交易を強いられた。

得点アップアドバイス

1

確認 **大名の配置**
(3) 江戸や大阪から遠い地域に配置された。

注意 **武士の生活を支えた年貢**
(5) 収穫の4割（四公六民）にもあたる年貢を課せられた。

2 【江戸幕府の成立】

江戸時代初期にとりつぶされた大名の数をまとめた右の表を見て, 次の問いに答えなさい。

注：とりつぶしとは大名としての資格を奪うこと。

将軍	親藩・（ C ）大名	外様大名
初代の（ A ）	14	26
第2代の徳川秀忠	16	21
第3代の（ B ）	17	26

☑(1) 表のような処罰は, 何という法律に基づいて行われたか, 答えよ。〔　　　　　〕

☑(2) 表中のA・Bに当てはまる将軍の名を答えよ。

A〔　　　　　〕 B〔　　　　　〕

☑(3) 表中のCに当てはまる大名は, 関ヶ原の戦い以前から徳川氏の家臣だった。Cに当てはまる語句を答えよ。〔　　　　　〕

☑(4) 将軍直属の家臣のうち, 将軍に直接会うことができた者を何というか, 答えよ。〔　　　　　〕

3 【身分ごとの暮らし】

次の問いに答えなさい。

☑(1) 江戸時代の主な身分について, 次の①～③が当てはまる身分を, 右の〔　　　〕から1つずつ選べ。

① 商人や職人からなり, 町に住んだ。
② 庄屋（名主）・組頭などの役人がいた。
③ 名字・帯刀などの特権をもっていた。

〔 武士　　町人
　百姓　　公家 〕

①〔　　　　　〕 ②〔　　　　　〕 ③〔　　　　　〕

☑(2) (1)の〔　　　〕のうち, 最も人口の割合が高かった身分を1つ選べ。〔　　　　　〕

4 【対外関係】

右の地図を見て, 次の問いに答えなさい。

☑(1) 江戸時代初めに徳川家康が奨励した貿易を何というか, 答えよ。〔　　　　　〕

☑(2) 地図中のAの地域で, 1637年に一揆を起こした人々の多くは, 何という宗教を信仰していたか, 答えよ。〔　　　　　〕

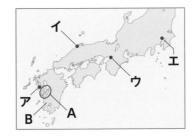

☑(3) 鎖国の体制が固まったあと, ただ1つの貿易港とされた港を, 地図中のア～エから1つ選び, 記号で答えよ。〔　　　　　〕

☑(4) 地図中のBのあたりにあった藩は, 17世紀初めに何という王国を征服したか, 答えよ。〔　　　　　〕

1 【江戸幕府の成立】
右の地図を見て、次の問いに答えなさい。

(1) 江戸幕府と藩による支配体制を何というか、漢字4字で答えよ。 〔　　　　　　　　〕

✓よくでる (2) 地図中のA～Cに当てはまる大名の種類を、次のア～エから1つずつ選び、記号で答えよ。
ア　譜代大名　　イ　親藩
ウ　外様大名　　エ　守護大名

A〔　　　　〕 B〔　　　　〕 C〔　　　　〕

ミス注意 (3) 右の資料は、大名を統制するための法律である。①～③に当てはまる語句を、次のア～オから1つずつ選び、記号で答えよ。
ア　防塁　イ　結婚　ウ　城　エ　参勤　オ　借金

一，新しく（　①　）を築くことはかたく禁止する。
一，勝手に（　②　）してはならない。
一，大名には江戸と領地の（　③　）交代を定める。

①〔　　　　〕 ②〔　　　　〕 ③〔　　　　〕

(4) 徳川家康は、1614年と1615年の2度の大阪の陣で、（　　）氏を滅ぼした。（　　）に当てはまる語句を答えよ。 〔　　　　　　　　〕

地図：
A ◼ B ⬡ C ◯
・幕府の主な直轄都市
数字は石高（単位は万石、20万石以上のみ）

佐竹 21
酒井　南部
松平　伊達 56
103　松平　26　前田　上杉　23　本多
宗　43　37　松平　池田　32　酒井　松平 45　25　徳川　徳川 24
黒田　毛利 38　浅野　池田 32　京都　井伊 30　25　徳川 62　稲葉　江戸
鍋島 36　蜂須賀　松平　大阪　奈良　徳川　駿府
長崎　細川 54　山内 26　徳川 56　藤堂 32
島津 73

2 【身分ごとの暮らし】
右の資料を見て、次の問いに答えなさい。

(1) 資料1について、A～Cに当てはまる身分を、次のア～エから1つずつ選び、記号で答えよ。
ア　武士　イ　町人　ウ　百姓　エ　奴婢

A〔　　　　〕 B〔　　　　〕 C〔　　　　〕

✓よくでる (2) 資料2のような触書で生活を統制された人々を、資料1中のA～Cから1つ選び、記号で答えよ。 〔　　　　〕

思考 (3) 百姓の食生活について、資料2の下線部のように定めているのはなぜか。「年貢」、「米」という語句を用いて簡単に説明せよ。

［　　　　　　　　　　　　　　　　　　　　　　　　　　　　　　　］

(4) 資料2による統制を受けた人々は、5、6戸をひとまとまりとし、犯罪防止などに連帯責任をとらされた。この制度を何というか。 〔　　　　　　　　〕

資料1 身分別の人口の割合

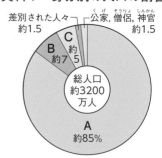

差別された人々 約1.5　公家、僧侶、神官 約1.5
C 約5
B 約7
総人口 約3200万人
A 約85%

資料2

一，朝は早く起きて草を刈り、昼は田畑を耕し、晩は縄や俵をつくれ。
一，麦・あわ・大根など雑穀をつくり、米を多く食いつぶさぬようにせよ。

③ 【対外関係】
　右の年表を見て，次の問いに答えなさい。

(1) 年表中の**A**について，徳川家康が貿易を奨励したため，多くの日本人が東南アジアに移住し，各地に，**資料1**の（　X　）ができた。（　X　）を何というか。

〔　　　　　　　　　〕

✓よくでる (2) 対馬藩が窓口となった年表中の**B**に当てはまる国名を，**資料1**の中から選んで答えよ。〔　　　　　　　　　〕

(3) 年表中の①・②に当てはまる地域の組み合わせを，次の**ア～エ**から1つ選び，記号で答えよ。

　ア　①—蝦夷地　　②—琉球王国
　イ　①—小笠原諸島　②—蝦夷地
　ウ　①—琉球王国　②—蝦夷地
　エ　①—琉球王国　②—小笠原諸島　〔　　　　　〕

ミス注意 (4) **資料2**は，のちに長崎で行われた年表中の**C**の様子である。幕府が**C**を強化するきっかけとなったできごとを，年表中の**ア～エ**から1つ選び，記号で答えよ。〔　　　　〕

資料2　　　　　　　　　（東洋文庫）

(5) 年表中の**D**について，出島のあった長崎において，オランダとともに貿易を許された国を，次の**ア～エ**から1つ選び，記号で答えよ。
　ア　中国　**イ**　フィリピン　**ウ**　スペイン　**エ**　シャム　　　〔　　　　　〕

年代	で　き　ご　と
1603	徳川家康が征夷大将軍となる……A
1607	（　B　）からの通信使の派遣が始まる
1609	薩摩藩が（　①　）を征服する
1612	幕領に禁教令が出される
1629	長崎で（　C　）が始まる
1635	ア日本人の海外渡航・帰国が禁止される
1637	イ島原・天草一揆が起こる
1639	ウポルトガル船の来航を禁止する
1641	オランダ商館を出島に移す………D
1669	エ（　②　）でシャクシャインの戦いが起こる

資料1

入試レベル問題に挑戦

④ 【対外関係】
　右の史料は，鎖国の体制が固まるころのヨーロッパ人と幕府の役人のやりとりである。A・Bに当てはまるヨーロッパの国名をそれぞれ答えよ。

A〔　　　　　　　〕
B〔　　　　　　　〕

（　A　）商館の日誌（1639年7月20日）
　幕府の役人が商館長を自宅に招き，次のようにたずねた。「もし日本が（　B　）を追放したら，（　A　）はこれまで（　B　）人がしてきたように，日本に絹織物などをもってくることができるか」。われわれは「できる」とはっきり答えた。

　ヒント
　A・Bの国のうち，いっぽうはキリスト教の布教に熱心ではなく，他方は布教を行っていた。史料のような交渉の末，片方の国の来航が禁止された。

4 産業の発達と幕府政治の動き

リンク
ニューコース参考書
中学歴史
p.128〜135

攻略のコツ 平和な社会が実現したことで産業や都市が発展したことを理解しよう。

テストに出る! **重要ポイント**

● **産業の発達**

❶ 諸産業…**新田開発**。農具の進歩。**商品作物の栽培**。佐渡・石見・足尾などの鉱山を開発し貨幣を発行。

❷ 都市と交通路…三都が繁栄し，**株仲間**や**両替商**が活躍。**五街道**を整備。**蔵屋敷**の置かれた大阪と江戸の間の南海路を**菱垣廻船**や**樽廻船**が就航。**西廻り航路**と**東廻り航路**。

● **政治の安定と元禄文化**

❶ **徳川綱吉**…朱子学を奨励した**文治政治**。**生類憐みの令**。

❷ **新井白石**…長崎貿易を制限するなどの**正徳の治**。

❸ **元禄文化**…上方の町人文化。**井原西鶴・近松門左衛門・松尾芭蕉・菱川師宣**など。

● **享保の改革と社会の変化**

❶ **徳川吉宗（享保の改革）**…倹約令で質素・倹約，**新田開発**，**上げ米の制**。**公事方御定書**，**目安箱**。

❷ 農村の工業…**問屋制家内工業**から**工場制手工業**へ。

❸ 社会の変化…農村で**百姓一揆**，都市で**打ちこわし**が発生。

Step 1　基礎力チェック問題

解答 別冊p.11

1 次の〔　〕に当てはまるものを選ぶか，当てはまる言葉を答えなさい。

☑ (1) 耕地を深く耕せる，〔　千歯こき　　備中ぐわ　〕が開発された。

☑ (2) 三都のうち，〔　　　　　　　〕は「天下の台所」と呼ばれた。

☑ (3) 都市では商人が同業者ごとに〔　　　　　　　〕をつくり，幕府に営業税を納める代わりに営業の独占を許された。

☑ (4) 第5代将軍〔　　　　　　　〕は，学問を重んじる文治政治を進めた。

☑ (5) (4)の後，儒学者である〔　　　　　　　〕が政治を行った。

☑ (6) 元禄文化は，〔　　　　　　　〕と呼ばれた大阪や京都で栄えた。

☑ (7) 「見返り美人図」を描いた菱川師宣は，〔　　　　　　　〕の祖となった。

☑ (8) 第8代将軍徳川吉宗は，〔　　　　　　　〕の改革を行った。

☑ (9) 農村の工業は問屋制家内工業から〔　　　　　　　〕へ変化した。

☑ (10) 百姓は年貢の軽減などを求めて〔　　　　　　　〕を起こした。

 得点アップアドバイス

1

 確認 商業が発達した三都の一つ

(2) 現在も卸売業がさかんな都市。

確認 文治政治の時代

(4) 第4代将軍から第7代将軍まで，武力ではなく学問を重視する，文治政治が行われた。

2 【産業の発達】
右の地図を見て，次の問いに答えなさい。

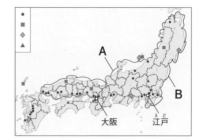

大阪 　江戸

- ☑(1) 地図中の・は，新たに広がった田畑である。江戸幕府や藩が大規模に行った，沼地の干拓などで田畑を広げることを何というか。
〔　　　　　　　　　〕

- ☑(2) 地図中の■・◆・▲で産出されていた鉱産資源を，次のア〜エから1つずつ選び，記号で答えよ。
ア 金　イ 銀　ウ 銅　エ 鉄
■〔　　　　〕 ◆〔　　　　〕 ▲〔　　　　〕

- ☑(3) 地図中のA・Bから，西廻り航路を選び，記号で答えよ。
〔　　　　　　　　　〕

3 【政治の安定と元禄文化】【享保の改革と社会の変化】
右の表を見て，次の問いに答えなさい。

- ☑(1) 表中のAに共通して当てはまる語句を答えよ。
〔　　　　　　　　　〕

- ☑(2) 表中のBについて，徳川綱吉は儒学のうちとくに何という学問を奨励したか。 〔　　　　　　　　　〕

	政治	内容
ア	徳川綱吉の政治	・（　A　）の質を落として発行 ・学問の奨励‥‥‥‥‥‥‥‥B
イ	新井白石の政治	・（　A　）の質を元に戻す ・長崎貿易の制限
ウ	徳川吉宗の政治	・公事方御定書の制定 ・（　C　）箱の設置

- ☑(3) 表中のCに当てはまる語句を答えよ。 〔　　　　　　　　　〕
- ☑(4) 表中のア〜ウから，享保の改革を選び，記号で答えよ。 〔　　　　　　　　　〕

4 【政治の安定と元禄文化】
元禄文化についての右の表を見て，次の問いに答えなさい。

- ☑(1) 表中のA〜Cに当てはまる分野を，次のア〜エから1つずつ選び，記号で答えよ。
ア 俳諧　イ 人形浄瑠璃の脚本
ウ 御伽草子　エ 浮世草子
A〔　　　　〕 B〔　　　　〕
C〔　　　　〕

分野	活躍した人物
A	井原西鶴
B	近松門左衛門
C	松尾芭蕉
絵画	ア尾形光琳，イ菱川師宣

- ☑(2) 表中のア・イから，浮世絵を始めた人物を選び，記号で答えよ。
〔　　　　　　　　　〕

📈 得点アップアドバイス

2 ‥‥‥‥‥‥‥‥‥

✔確認 田畑を広げる目的
(1) 年貢を増やすため。

💡ヒント 江戸時代の鉱山
(2) 銀山の跡の1つは現在，世界文化遺産に登録されている。

3 ‥‥‥‥‥‥‥‥‥

暗記術 稲作ヒーロー徳川吉宗
1716年　徳川吉宗が享保の改革を始める。

4 ‥‥‥‥‥‥‥‥‥

確認 江戸時代の絵画
元禄文化のころから，絵画では，庶民の生活や風俗が多く描かれるようになった。

1 【産業の発達】

次の問いに答えなさい。

(1) 地図中のア〜ウのうち，「天下の台所」と呼ばれた都市を1つ選び，記号で答えよ。

〔　　　　　〕

よくでる (2) 地図中のアの都市に諸藩が置いた，年貢米や特産物を売るための施設を何というか，答えよ。

〔　　　　　〕

(3) 金銀の交換や金貸しなどを行った商人を何というか。〔　　　　　〕

(4) 次のア〜エのうち，江戸時代につくられた銅銭を1つ選び，記号で答えよ。

ア　永楽通宝　　イ　和同開珎　　ウ　寛永通宝　　エ　富本銭　　〔　　　　　〕

(5) 地図中のAは，江戸と各地を結んだ街道である。これらの街道をまとめて何というか。

〔　　　　　〕

ミス注意 (6) 地図中のBの沿岸などでは，いわし漁が行われた。いわしを原料としてつくられた肥料を何というか。次のア〜エから1つ選び，記号で答えよ。

ア　草木灰　　イ　堆肥　　ウ　油かす　　エ　干鰯　　〔　　　　　〕

(7) 江戸時代に改良された，右の図のような農具を何というか。

〔　　　　　〕

2 【政治の安定と元禄文化】

右のグラフを見て，次の問いに答えなさい。

思考 (1) 新井白石が政治を行っていたころの金貨の名称を答えよ。また，徳川綱吉のころの金貨と比べて，新井白石のころの金貨はどのように変化したか，説明せよ。

〔　　　　　〕

〔　　　　　〕

金貨に含まれる金の量の変化

鋳造年	0　1　2　3　4　5匁
1601年〈慶長小判〉	
1695年〈元禄小判〉	
1710年〈宝永小判〉	
1714年〈正徳小判〉	
1716年〈享保小判〉	
1736年〈元文小判〉	
1819年〈文政小判〉	
1837年〈天保小判〉	
1859年〈安政小判〉	
1860年〈万延小判〉	

小判1両の重さ
(1匁＝3.75g)
■ 金の含有量

(2) 徳川綱吉と新井白石のころ，ともに重んじられたものを，次のア〜エから1つ選び，記号で答えよ。

ア　武芸　　イ　学問
ウ　刑罰　　エ　動物愛護　　〔　　　　　〕

(3) 徳川綱吉のころの文化の担い手を，次のア〜エから1つ選び，記号で答えよ。

ア　武士　　イ　百姓　　ウ　公家　　エ　町人　　〔　　　　　〕

よくでる (4) 義理と人情に悩む男女の姿を『曾根崎心中』などの脚本に書いた人物名を答えよ。

〔　　　　　〕

3 【享保の改革と社会の変化】

右のグラフを見て，次の問いに答えなさい。

(1) グラフ中の**A**に当てはまる，幕府の改革名を答えよ。　〔　　　　　　　〕

ミス注意 (2) （　**A**　）の改革の内容として当てはまるものを，次の**ア〜オ**から2つ選び，記号で答えよ。

　　ア 公事方御定書を制定した。

　　イ 生類憐みの令を出した。

　　ウ 孔子をまつる聖堂を建てた。

　　エ 長崎貿易を制限した。　　**オ** 上げ米の制を定めた。　〔　　　〕〔　　　〕

百姓一揆の発生件数

（愛知県図書館）

(3) グラフから，百姓一揆は，グラフ中の●のころに増えていることがわかる。●のころに共通して起こったできごとを3文字で答えよ。　〔　　　　　　　〕

ミス注意 (4) 次の説明のうち，問屋制家内工業に関するものには**ア**を，工場制手工業に関するものには**イ**を答えよ。

　① 右の資料のように，織物業で多く見られた。

　　　　　　　　　　　　　　　　　　　　　　〔　　　　〕

　② 豊かな問屋や地主が，農民に原料や道具を貸し与えて，製品を買い取った。　　　　　　　　　　　　　〔　　　　〕

　③ 作業場に労働者を集めて，分業や協業で生産した。

　　　　　　　　　　　　　　　　　　　　　　〔　　　　〕

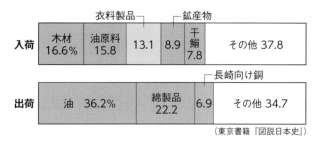

入試レベル問題に挑戦

4 【産業の発達】

右のグラフは，江戸時代に海運によって大阪に入荷した品と，大阪から出荷された品の割合を示したものである。これを見て，次の問いに答えなさい。

(1) グラフ中の▓▓▓▓の品に着目して，大阪の産業の特色を，「加工」という語句を用いて簡単に説明せよ。

〔　　　　　　　　　　　　　　　　　　　　　　　　　　　〕

		衣料製品		鉱産物	
入荷	木材 16.6%	油原料 15.8	13.1	8.9	干鰯 7.8	その他 37.8

			長崎向け銅	
出荷	油 36.2%	綿製品 22.2	6.9	その他 34.7

（東京書籍『図説日本史』）

(2) グラフ中の油や綿製品は，何という航路を使って江戸へ運ばれたか。次の**ア〜ウ**から1つ選び，記号で答えよ。　　〔　　　　〕

　　ア 南海路　　**イ** 東廻り航路　　**ウ** 西廻り航路

ヒント

大阪では商業とともに工業が発達し，生産された製品は問屋という商人が買いつけ，各地へ出荷された。

5 幕府政治の展開と外国船の出現

攻略のコツ 政治の改革の特色と文化の変化，外国船来航による動揺について押さえよう。

テストに出る！ 重要ポイント

◉ **田沼の政治と 寛政の改革**

❶ **田沼意次**…株仲間の結成を奨励。長崎貿易の振興。

❷ **松平定信（寛政の改革）**…農村の復興。**朱子学の奨励**。旗本・御家人の借金帳消し。

◉ **学問と文化**

❶ 学問…**本居宣長**の**国学**，杉田玄白の**蘭学**。**伊能忠敬**が日本地図を作成。諸藩は**藩校**，庶民は**寺子屋**。

❷ **化政文化**…江戸の町人文化。葛飾北斎・十返舎一九など。

◉ **欧米の接近**

❶ 外国船の来航…幕府は**異国船打払令**を出す→蛮社の獄。

◉ **幕府や藩の改革**

❶ **大塩の乱**…大阪町奉行所の元役人の大塩平八郎が大阪で乱を起こす。

❷ **水野忠邦（天保の改革）**…株仲間の解散。江戸に出稼ぎに来た農民を故郷に帰らせる。江戸や大阪周辺を幕領に→失敗。

❸ 藩政の改革…薩摩藩や長州藩などが成功→雄藩に成長。

Step 1 基礎力チェック問題

解答 別冊p.12

1 次の〔　　〕に当てはまるものを選ぶか，当てはまる言葉を答えなさい。

☑ (1) 老中の〔　　　　　　　〕は，商人の株仲間を増やして営業税を納めさせるなど，積極的な商業政策で幕府の財政の立て直しを図った。

☑ (2) 老中の松平定信は，儒学の中でも〔　　　　　　　〕を奨励した。

☑ (3) 〔　　　　　　　〕は『古事記伝』を著し，国学を大成した。

☑ (4) 杉田玄白らは『〔　　　　　　　〕』を出版し，蘭学の基礎を築いた。

☑ (5) 町人や百姓の子どもは〔　　　　　　　〕で読み書きを学んだ。

☑ (6) 19世紀前半に，江戸を中心に栄えた町人文化を〔　元禄文化　化政文化〕という。

☑ (7) 〔　　　　　　　〕は，全国を測量し，正確な日本地図をつくった。

☑ (8) ロシアの〔　　　　　　　〕は，根室に来航して通商を求めた。

☑ (9) 元役人の〔　　　　　　　〕は，天保のききんで苦しむ人々を助けようと，大阪で乱を起こした。

☑ (10) 老中の〔　　　　　　　〕は天保の改革を進めた。

得点アップアドバイス

1

ヒント **蘭学の発達**

(4) オランダ語で書かれた人体解剖書を翻訳して出版した。

確認 **日本沿岸の測量**

(7) 西洋の測量術を学び，幕府の許可を得て，約17年かけて全国の海岸線を歩いて測量した。

2 【田沼の政治と寛政の改革】【幕府や藩の改革】
右の年表を見て，次の問いに答えなさい。

☑(1)　次の①〜④について，年表中の**A**にあたる内容には**A**，**B**にあたる内容には**B**と答えよ。

年代	で　き　ご　と
1772	田沼意次が老中となる…………A
1787	松平定信が老中となる…………B
1837	大塩平八郎が乱を起こす………C
1841	幕府の政治改革が行われる………D

　　①　米を蓄えさせた。
　　②　俵物の輸出を拡大した。
　　③　朱子学を奨励した。
　　④　株仲間の結成を奨励した。

①〔　　　〕　②〔　　　〕
③〔　　　〕　④〔　　　〕

☑(2)　年表中の**C**のできごとが起こった都市名を答えよ。〔　　　　〕

☑(3)　年表中の**D**の改革を行った老中の名と改革名を，それぞれ答えよ。
　　　　老中〔　　　　　　　〕　改革〔　　　　　　　〕

3 【学問と文化】
化政文化について，右の表を見て，次の問いに答えなさい。

☑(1)　表中の**A・B**と関係の深い人物を，次のア〜エから１つずつ選び，記号で答えよ。
　　ア　小林一茶　　イ　井原西鶴
　　ウ　松尾芭蕉　　エ　十返舎一九

	化政文化で人気を集めたもの
文学	狂歌・川柳，**A**俳諧（俳句），**B**小説
浮世絵	多色刷りの（　**C**　）絵

A〔　　〕B〔　　〕

☑(2)　表中の**C**に当てはまる語句を答えよ。〔　　　　　　　〕

4 【欧米の接近】
右の地図を見て，次の問いに答えなさい。

☑(1)　1792年にラクスマンが来航した場所を，地図中のア〜オから１つ選び，記号で答えよ。〔　　　〕

☑(2)　18世紀末から19世紀初めにかけて，地図中の**A**や樺太を探検した人物として当てはまらないものを，次のア〜ウから１つ選び，記号で答えよ。
　　ア　近藤重蔵　　イ　伊能忠敬
　　ウ　間宮林蔵　　〔　　　〕

☑(3)　(2)のような探検や測量に影響を与えた，ヨーロッパの学問や文化をオランダ語で学ぶ学問を何というか。〔　　　　　　　〕

☑(4)　外国船の来航に危機を覚えた幕府が1825年に出した法令を何というか。〔　　　　　　　〕

2
暗記術　人は皆 大塩慕って
打ちこわし
1837年　大塩の乱が起こる。

✔確認　改革の共通点
(3)　百姓を農村へ帰らせるなど，寛政の改革と共通する政策があった。

3

✔確認　浮世絵の発展
(2)　美人画，役者絵，風景画などが描かれた。

4

✔確認　ロシア人来航の目的
(1)　ラクスマンは日本人の漂流民を連れてくるとともに，幕府に通商を求めた。

ヒント　北方の探検
(2)　樺太とユーラシア大陸の間の海峡は，間宮海峡という。

1 【田沼の政治と寛政の改革】【幕府や藩の改革】

幕府の政治の改革についてまとめた右の表を見て，次の問いに答えなさい。

(1) 表中の**A**は，老中の田沼意次，松平定信，水野忠邦のそれぞれが行った政治改革に共通する目的である。**A**の（　）に当てはまる語句を答えよ。〔　　　　　　　〕

改革の目的	・（　　　）の立て直し‥‥‥‥‥A
経済	・株仲間は結成を**B**奨励されることもあり，**C**解散させられることもあった
農村	・農村の立て直しを目指した‥‥‥D ・米を蓄えさせた
学問	・武士に朱子学を学ばせた‥‥‥‥E

✓よくでる (2) 株仲間について，表中の**B**・**C**を行った老中を(1)の3人から1人ずつ選んで答えよ。
　　　　　　　　　　B〔　　　　　　〕　**C**〔　　　　　　〕

ミス注意 (3) 表中の**D**は，松平定信と水野忠邦に共通することである。このうち，水野忠邦の政策について説明している次の文の□□□に当てはまる内容を答えよ。
　　　　江戸に出稼ぎに来ている農民を□□□□□□□□□□□□□□□□□□。
　　　　〔　　　　　　　　　　　　　　　　　　　　　　　　　　　〕

(4) 年表中の**E**のため，江戸の湯島に昌平坂学問所をつくった老中が行った改革を何というか。〔　　　　　　　　〕

2 【学問と文化】

江戸時代の学問の発達について，右の年表を見て，次の問いに答えなさい。

(1) 年表中の**A**に当てはまる学問名を答えよ。〔　　　　　　　〕

(2) 次の①～③に関係の深い人物を，年表中の**ア**～**カ**から1つずつ選び，記号で答えよ。
　① 解体新書　　　　　　　　　〔　　　〕
　② 大日本沿海輿地全図　　　　〔　　　〕
　③ 古事記伝　　　　　　　　　〔　　　〕

✓よくでる (3) 年表中の**B**の学問は，どこの国の言葉で学ばれたか，国名を答えよ。〔　　　　　〕

ミス注意 (4) 年表中の**C**の時期に栄えた文化について，次の①～③に当てはまる人物を，あとの**ア**～**エ**から1つずつ選び，記号で答えよ。
　① 「富嶽三十六景」を描いた。
　② 「東海道五十三次」を描いた。　③ 自然の美しさを俳諧（俳句）に詠んだ。

　ア 葛飾北斎　　**イ** 曲亭（滝沢）馬琴　　**ウ** 与謝蕪村　　**エ** 歌川広重

　　　　　　　　　① 〔　　　〕　② 〔　　　〕　③ 〔　　　〕

（年表）（A）　　B 蘭学
1650年　契沖　荷田春満　新井白石
ア 賀茂真淵　元禄期
1700　青木昆陽　工藤平助　杉田玄白　オ 平賀源内　カ 伊能忠敬
イ 本居宣長　前野良沢　シーボルト
50
1800　ウ 平田篤胤
C 化政期
尊王攘夷運動に影響
50
江戸幕府滅亡

3 【欧米の接近】【幕府や藩の改革】
右の地図を見て，次の問いに答えなさい。

(1) 地図中の**A〜C**は，江戸時代末に来航した外国の船の国名を表している。**A〜C**に当てはまる国名を，次の**ア〜エ**から1つずつ選び，記号で答えよ。

ア ロシア　**イ** オランダ
ウ アメリカ　**エ** イギリス

A〔　　　　〕　B〔　　　　〕
C〔　　　　〕

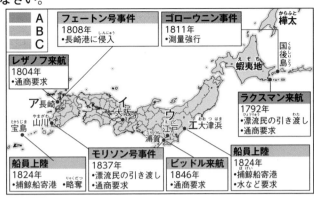

A	B	C

フェートン号事件
1808年
・長崎港に侵入

ゴローウニン事件
1811年
・測量強行

レザノフ来航
1804年
・通商要求

ラクスマン来航
1792年
・漂流民の引き渡し
・通商要求

樺太
蝦夷地
国後島

ア 長崎　イ 大阪
山川
宝島
ウ 江戸　エ 大津浜
浦賀

船員上陸
1824年
・捕鯨船寄港
・略奪

モリソン号事件
1837年
・漂流民の引き渡し
・通商要求

ビッドル来航
1846年
・通商要求

船員上陸
1824年
・捕鯨船寄港
・水など要求

ミス注意(2) 1792年のラクスマンの来航のあと，江戸幕府から北方の調査を命じられ，樺太と大陸の間の海峡を発見した人物は誰か。〔　　　　　　　　　〕

思考(3) 江戸幕府は1825年に異国船打払令を出した。これはどのような法令か，簡単に説明せよ。
〔　　　　　　　　　　　　　　　　　　　　　　　　　　　　　　〕

ミス注意(4) 地図中のモリソン号事件が起こると，蘭学者などが幕府の政策を批判して処罰された。この蘭学者は，渡辺崋山ともう1人は誰か。〔　　　　　　　　　〕

(5) 地図中のモリソン号事件が起こった山川は，専売制などにより財政の立て直しに成功した雄藩の港である。この藩を何というか。〔　　　　　　　　　〕

(6) 幕府の元役人である大塩平八郎が乱を起こした都市を，地図中の**ア〜エ**から1つ選び，記号で答えよ。〔　　　　　　　　　〕

入試レベル問題に挑戦

4 【田沼の政治と寛政の改革】
右の史料は，江戸時代後半の政治を風刺したものである。これを読んで，次の問いに答えなさい。

(1) 下線部**A**は，田沼意次のどのような政治を風刺しているか。解答欄に合う形で答えよ。
〔商工業を振興したが，特権や地位を求めて　　　　　　　　　　　　　　　　〕

白河の清きに魚のすみかねて
　白河藩主だった松平定信のこと
もとの**A**にごりの田沼恋しき
　　　定信の前の老中
世の中に蚊ほどうるさきものはなし
Bぶんぶといふて夜もねられず

思考(2) 下線部**B**の「ぶんぶ」は「文武（学問と武芸）」の意味である。これは松平定信のどのような政策を風刺していると考えられるか。解答欄に合うように，簡単に説明せよ。
〔武士に対して，　　　　　　　　　　　　　　　　　　　　　　　　　　　　〕

💡 **ヒント**
定信が「ぶんぶ（文武）」といって進めた政策を，人々が批判している。

定期テスト予想問題 ③

50分
解答 別冊p.13

得点 /100

1 右の年表を見て，次の問いに答えなさい。 【2点×9】

(1) 年表中の**a**に当てはまる遠征軍を何というか，答えよ。

(2) 年表中の**b**に当てはまる人物名を，次の**ア～エ**から1つ選び，記号で答えよ。
    ア 孔子
    イ ムハンマド
    ウ シャカ（釈迦）
    エ イエス

(3) 年表中の下線部**c**の国の首都は，世界最大の都市として栄えた。この都市を，次の**ア～エ**から1つ選び，記号で答えよ。
    ア バグダッド　　　**イ** ローマ
    ウ アレクサンドリア　**エ** ゴア

キリスト教世界	イスラム教世界
・11世紀…ローマ教皇の呼びかけで（　**a**　）の遠征。 ↕**ア** ・15世紀…<u>d新航路の開拓</u>が始まる。 ↕**イ** ・16世紀…（　**e**　）がおこり，プロテスタントが拡大。 ↕**ウ** ・16世紀…カトリックが<u>g海外への布教</u>を進める。	・7世紀…アラビア半島で（　**b**　）がイスラム教をおこす→<u>cイスラム教の勢力</u>が拡大。 ↕**エ** ・13世紀…トルコの地域に（　**f**　）帝国が成立。 ↕**オ** ・16世紀…スペインが国内からイスラム勢力を排除する。

(4) 年表中の下線部**d**について，コロンブスが開いた航路を，右の地図中の**A～C**から1つ選び，記号で答えよ。

(5) 年表中の**e**の改革は，地図中の**P**の都市でのルターによる抗議をきっかけに始まった。**e**の改革を何というか，答えよ。

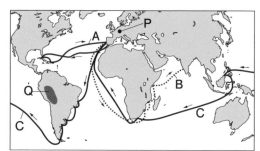

(6) 年表中の**f**に当てはまる国名を，次の**ア～エ**から1つ選び，記号で答えよ。
    ア モンゴル　　**イ** ローマ
    ウ オスマン　　**エ** ビザンツ

(7) 年表中の下線部**g**について，次の問いに答えよ。
    ① 地図中の**Q**の地域で栄えていたインカ帝国を滅ぼした国を，次の**ア～エ**から1つ選び，記号で答えよ。
    ア ポルトガル　**イ** イギリス　**ウ** フランス　**エ** スペイン
    ② 1549年に鹿児島に来航し，日本にキリスト教を伝えた宣教師の名を答えよ。

(8) ルネサンスが最初におこった地域・時期にあたるものを，年表中の**ア～オ**から1つ選び，記号で答えよ。

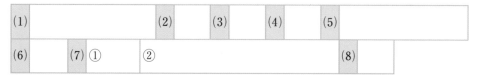

(1)			(2)	(3)	(4)	(5)	
(6)		(7)①		②		(8)	

2 右の資料を見て，次の問いに答えなさい。

【(5)8点，他2点×9】

(1) 年表中には①～④の4つの戦乱が示されている。それぞれの戦乱の内容を，次の**ア～オ**から1つずつ選び，記号で答えよ。

ア 豊臣秀吉が明智光秀をたおす。

イ 1回目の朝鮮の侵略が行われる。

ウ 織田信長が大量の鉄砲を活用して武田軍を破る。

エ 織田信長が今川義元をたおす。

オ 2回目の朝鮮の侵略が行われる。

(2) 年表中の**A**の政策の目的を，次の**ア～エ**から1つ選び，記号で答えよ。

ア 土地の開墾を奨励する。

イ 座を結ぶことを奨励する。

ウ 誰でも自由に商工業ができるようにする。

エ 御家人の借金を帳消しにする。

(3) 年表中の**B**について，大阪城を本拠地とした武将の名を答えよ。

(4) (3)の武将は，年表中の②の戦いの後，右の**資料1**に示したような土地の調査を全国的に行った。この調査を何というか。漢字4字で答えよ。

(思考) (5) 右の**資料2**は，年表中の**C**の内容を表したものである。刀狩令が出された目的を，**資料2**から読み取り，簡単に説明せよ。

(6) (3)の武将が関東の北条氏をたおし，東北の伊達氏も従えて全国を統一した時期を，年表中の**ア～カ**から1つ選び，記号で答えよ。

(7) 年表中の時期における文化の説明について**誤っているもの**を，次から1つ選び，記号で答えよ。

ア 姫路城など雄大な天守をもつ城がつくられた。

イ 出雲の阿国が京都でかぶき踊りを始めた。

ウ 堺の商人である千利休が，わび茶を大成した。

エ 狩野永徳が日本の風景や人物を描く大和絵を始めた。

年代	で き ご と
1575	①長篠の戦いが起こる
	↕ア
1577	楽市・楽座令が出される……A
	↕イ
1582	②山崎の戦いが起こる
	↕ウ
1583	大阪城の築城が始まる………B
	↕エ
1588	刀狩令が出される…………C
	↕オ
1592	③文禄の役が起こる
	↕カ
1597	④慶長の役が起こる

資料1
(玄福寺)

資料2

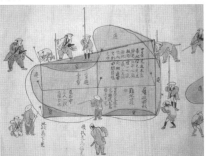

諸国の百姓が刀やわきざし，弓，やり，鉄砲その他の武具などを持つことは固く禁止する。不必要な武具を蓄え，年貢その他の税をなかなか納入せず，ついには一揆をくわだてたりして，領主に対しよからぬ行為をする者は，もちろん処罰する。

(1)	①		②		③		④		(2)		(3)	
(4)						(5)						
(6)		(7)										

3 右の資料を見て，次の問いに答えなさい。

(1) 江戸幕府の初代将軍は誰か，答えよ。

(2) **資料1**中の**A**は，将軍を補佐して政治を行った，幕府の最高職である。**A**に当てはまる語句を，次の**ア〜エ**から1つ選び，記号で答えよ。
ア 摂政　イ 執権　ウ 老中　エ 管領

(3) **資料1**中の下線部**B**について，次の問いに答えよ。

① 幕府は大名を**資料2**のように3種類に分類した。譜代大名に当てはまるものを，表中の**a〜c**から1つ選び，記号で答えよ。

② **資料2**中の下線部の戦いにおいて，豊臣氏の政治を守ろうとした大名たちの中心人物を答えよ。

③ 第3代将軍のころには，参勤交代の制度が定められた。この制度で，大名にはどのようなことが義務づけられたか，簡単に説明せよ。

④ **資料2**中の**c**のうち，幕府から朝鮮の外交担当を命じられた藩を，次の**ア〜ウ**から1つ選び，記号で答えよ。
ア 松前藩　イ 対馬藩　ウ 薩摩藩

資料1　江戸幕府のしくみ

	大老（臨時の最高職）		
		大目付	（幕政の監督，B大名の監視など）
		町奉行	（江戸の町政など）
	A（政務一般）	勘定奉行	（幕府の財政，幕領の監督）
		遠国奉行	（C直轄地の政務）
将軍	若年寄		
	寺社奉行	（寺社の取り締まり）	
	京都所司代	（朝廷と西国大名の監視）	
	大阪城代	（城下諸役人を統率）	

資料2

（ a ）	徳川氏一門の大名。御三家	
（ b ）	古くから徳川氏の家臣だった大名	
（ c ）	関ヶ原の戦いのころから徳川氏に従った大名	

(4) **資料1**中の下線部**C**は，京都・大阪・長崎・日光・佐渡などに置かれた。——線部の都市について，次の問いに答えよ。

① 大阪では，幕府軍が豊臣氏の本拠である城を攻め，豊臣氏を滅ぼした。この戦乱と同じ年に起こったできごとを，次の**ア〜エ**から1つ選び，記号で答えよ。
ア シャクシャインの戦いが起こる。　イ 御成敗式目が制定される。
ウ 島原・天草一揆が起こる。　エ 武家諸法度が制定される。

② 1641年にオランダの商館が移された長崎の人工の島を何というか。

③ 佐渡の鉱山で生産され，貨幣の材料として使われた金属を，次の**ア〜エ**から2つ選び，記号で答えよ。(完答)
ア 金　イ 銀　ウ 銅　エ 鉄

資料3

一，朝は早く起きて草を刈り，昼は田畑を耕し，晩は縄や俵をつくれ。

一，麦・あわ・大根など雑穀をつくり，米を多く食いつぶさぬようにせよ。

(5) **資料3**により統制された身分を，次の**ア〜エ**から1つ選び，記号で答えよ。
ア 武士　イ 町人　ウ 百姓　エ 僧

(1)		(2)	(3)①	②

③

④	(4)①	②	③	(5)

4 右の年表を見て、次の問いに答えなさい。

【(4) 7点, 他2点×12】

年代	で き ご と
1680	①徳川綱吉が第5代将軍となる
	↕ X
1716	徳川吉宗が第8代将軍となる………A
1772	田沼意次が老中となる……………B
	↕ C
1787	②松平定信が改革を始める…………D
	↕ Y
1825	異国船打払令が出される…………E
	↕ F
1841	③天保の改革が始まる……………G

(1) 年表中の①～③で行われた政治の内容を、次のア～エから1つずつ選び、記号で答えよ。

　ア　目安箱をおいて庶民からの投書を受けつけた。

　イ　犬を過度に保護する命令を出した。

　ウ　物価を引き下げるため、株仲間の解散を命じた。

　エ　武士の借金を帳消しにするよう、商人たちに命じた。

(2) 年表中のX・Yの時期を中心に栄えた文化について、絵画の分野で活躍した人物を、次のア～オから1つずつ選び、記号で答えよ。

　ア　十返舎一九　　イ　菱川師宣　　ウ　雪舟　　エ　歌川(安藤)広重　　オ　松尾芭蕉

(3) 年表中のAについて、徳川吉宗が定めた**資料1**の法律を何というか、答えよ。

資料1

> 一、人を殺して盗みをはたらいた者は、市中を引き回しのうえ、さらし首の刑にする。
>
> 一、おどして金品を奪った者は、さらし首の刑にする。

(思考)(4) 年表中のBについて、田沼意次の政策の特色を、「商人の経済力」という語句を用いて簡単に説明せよ。

(5) **資料2**は、年表中のCの時期に出版された医学書のとびら絵である。次の問いに答えよ。

資料2

(東京医科歯科大学図書館)

　① この書物を出版した人物を、次のア～エから1つ選び、記号で答えよ。

　　ア　高野長英　　イ　伊能忠敬　　ウ　杉田玄白　　エ　渡辺崋山

　② この書物は、オランダ語の医学書を翻訳したものである。オランダ語で西洋の知識を学ぶ学問を何と呼ぶか。

(6) 年表中のDの改革を何というか、答えよ。

(7) 年表中のEについて、外国船を打ち払う命令が緩められるきっかけとなったできごとを、次のア～エから1つ選び、記号で答えよ。

　ア　アヘン戦争　　イ　南北戦争　　ウ　フランス革命　　エ　名誉革命

(8) 年表中のFの時期に大阪で乱を起こした、幕府の元役人は誰か、答えよ。

(9) 年表中のGの改革を行った老中の名を答えよ。

(1)①	②	③	(2)X	Y	(3)

(4)

(5)①	②	(6)	(7)

(8)	(9)

1 ヨーロッパの近代化

リンク
ニューコース参考書
中学歴史
p.148〜157

攻略のコツ 人権や産業の面で大きな変化をとげた欧米諸国の動きをとらえよう。

テストに出る！ **重要ポイント**

◉ **市民革命と諸国の発展**

❶ 啓蒙思想の広がり…**ロック**（抵抗権），**モンテスキュー**（三権分立），**ルソー**（人民主権）→市民革命に影響。

❷ 専制政治から民主主義に基づく社会へ…イギリスの**ピューリタン革命・名誉革命**で権利（の）章典→立憲君主制と議会政治の確立。アメリカの独立戦争で**独立宣言**。**フランス革命**で人権宣言→ナポレオンの時代。

❸ 19世紀の欧米…フランスで2度の革命→普通選挙。イギリスで政党政治。**ドイツ帝国**が成立。アメリカで**南北戦争**。

◉ **産業革命と資本主義**

❶ **産業革命**…工場で機械生産が始まるなど，技術の向上による社会全体の変化→18世紀後半，**イギリス**で始まる。

❷ **資本主義**の発展…資本家が労働者を雇い，利益を目指して生産→格差や貧困など社会問題の発生→社会主義の広がり。

◉ **ヨーロッパのアジア侵略**

❶ 中国（清）…イギリスが清にアヘンを密輸→**アヘン戦争**でイギリスに敗れ，**南京条約**→翌年，不平等条約→清で**太平天国の乱**。

❷ インド…イギリスが**インド大反乱**を鎮圧し，直接支配。

Step 1 基礎力チェック問題

解答 別冊p.14

1 次の〔 〕に当てはまるものを選ぶか，当てはまる言葉を答えなさい。

☑(1) 1688年，イギリスでは，〔　　　　　　　〕革命が起こって，権利（の）章典が定められ，世界初の立憲君主制と議会政治が始まった。

☑(2) 18世紀後半，アメリカで〔 人権宣言　独立宣言 〕が出された。

☑(3) 〔　　　　　　　〕が皇帝となり，人権宣言をもとに民法を定めた。

☑(4) アメリカでは19世紀半ばに〔　　　　　　〕戦争が起こり，リンカン大統領が率いる北部が勝利した。

☑(5) 産業革命の結果，資本家が労働者を雇って利益を目指して生産する〔　　　　　　〕の経済のしくみが広がった。

☑(6) イギリスは〔　　　　　　〕戦争で清を破り，南京条約を結んだ。

得点アップアドバイス

1

確認 国民投票でフランスの皇帝に
(3) この人物がヨーロッパの大部分を征服したことで，フランス革命の精神が各国に広まった。

ヒント イギリスと清の戦争
(6) 三角貿易でイギリスによって清に密輸されていたものが原因で起こった戦争。

2 【市民革命と諸国の発展】
市民革命についての右の表を見て，次の問いに答えなさい。

(①)	・ピューリタン革命 ・名誉革命 …………… A
(②)	・(①)からの独立戦争… B ・合衆国憲法の制定
(③)	・バスチーユ牢獄の襲撃 ・人権宣言の発表 ………… C

- (1) 表中の①～③のうち，イギリスに当てはまるものを1つ選び，番号で答えよ。〔　　　〕
- (2) 表中の**A**の結果，何の権限が拡大したか，次の**ア～エ**から1つ選び，記号で答えよ。
  ア 議会　イ 国王　ウ 兵士　エ 僧　〔　　　〕
- (3) 表中の**B**で植民地軍の最高司令官を務め，独立後に初代大統領となった人物名を答えよ。〔　　　〕
- (4) 表中の**C**をふまえて，③の国で，1804年に皇帝になった人物が定めた法律は何か。〔　　　〕
- (5) 表中の③と国境を接している国では，ビスマルクの指導で諸国が統一され，帝国が成立した。この帝国を何というか。〔　　　〕

3 【産業革命と資本主義】
右の資料を見て，次の問いに答えなさい。

(Mary Evans / PPS 通信社)

- (1) この資料は，イギリスの紡績工場の絵である。この工場で主な原料とされたものを，次の**ア～エ**から1つ選び，記号で答えよ。
  ア 羊の毛　イ 石油
  ウ 綿　　　エ 生糸　〔　　　〕
- (2) この工場で使われている動力を何というか。〔　　　〕

4 【ヨーロッパのアジア侵略】
右の年表を見て，次の問いに答えなさい。

年代	で き ご と
1840	アヘン戦争が起こる… A
1851	(B)の乱が起こる
1857	(C)大反乱が起こる

- (1) 年表中の**A**のころ，清からイギリスへ輸出されていたものを，次の**ア～エ**から1つ選び，記号で答えよ。
  ア アヘン　イ 綿織物
  ウ 綿花　　エ 茶　〔　　　〕
- (2) 年表中の**A**の結果結ばれた条約で，清は香港をイギリスに譲った。この条約を何というか，答えよ。〔　　　〕
- (3) 年表中の**B**に当てはまる，洪秀全が清で建てた国を何というか，答えよ。〔　　　〕
- (4) 年表中の(**C**)大反乱は，イギリスに対して起こされた反乱である。**C**に当てはまる国名（地域名）を答えよ。〔　　　〕

得点アップアドバイス

2

ヒント **ヨーロッパ諸国の海外進出**
(1) ②にはイギリスの植民地があった。

注意 **19世紀以前のヨーロッパ**
(5) ヨーロッパの中南部は，小国に分立する状態が長く続いていた。

3

確認 **イギリスの産業革命**
(1) 大量生産された繊維製品は，インドなどへ輸出された。

4

確認 **19世紀前半の三角貿易**
(1)

暗記術 **1840 人はヨレヨレアヘンの害**
1840年 アヘン戦争が起こる。

1　【市民革命と諸国の発展】
右の年表を見て，次の問いに答えなさい。

(1)　年表中の**A**について，議会派の中心となって共和政を実現した人物名を答えよ。〔　　　　　　　〕

(2)　年表中の**B**に当てはまる語句を答えよ。〔　　　　　　　〕

✓よくでる (3)　年表中の①・②に当てはまる国名を，次の**ア〜オ**から1つずつ選び，記号で答えよ。

ア　オランダ　　イ　アメリカ
ウ　ロシア　　　エ　フランス　　オ　イギリス

年代	で　き　ご　と
1640 (1642)	イギリスでピューリタン革命が起こる………**A**
1688	イギリスで（　**B**　）革命が起こる
	↕**ア**
1775	（　①　）で独立戦争が起こる
1789	（　②　）で人権宣言が出される……………**C**
	↕**イ**
1804	（　**D**　）がフランス皇帝となる
	↕**ウ**
1871	ドイツ帝国が成立する………………………**E**

①〔　　　　　〕②〔　　　　　〕

ミス注意 (4)　年表中の**C**について，右の資料は人権宣言の一部を示している。（　　　）に当てはまる語句を，次の**ア〜エ**から1つ選び，記号で答えよ。

> 第1条　人は生まれながら，（　　　）で平等な権利をもつ。社会的な区別は，ただ公共の利益に関係のある場合にしか設けられてはならない。

ア　自由　　イ　安全　　ウ　平和　　エ　普遍的　　〔　　　　　〕

(5)　年表中の**D**に当てはまる人物名を答えよ。〔　　　　　　　〕

(6)　年表中の**E**について，ドイツ統一の動きの中心となったプロイセンの首相は誰か，答えよ。〔　　　　　　　〕

(7)　アメリカで南北戦争が起こった時期を，年表中の**ア〜ウ**から1つ選び，記号で答えよ。

〔　　　　　〕

2　【産業革命と資本主義】
産業革命が最初に始まった国についての右の表を見て，次の問いに答えなさい。

✓よくでる (1)　産業革命が最初に始まった国の名を答えよ。〔　　　　　　　〕

(2)　表中の**A**に当てはまる語句を答えよ。〔　　　　　　　〕

(3)　表中の下線部**B**が動力として使われた交通機関を，次の**ア〜ウ**から1つ選び，記号で答えよ。

ア　自動車　　イ　飛行機　　ウ　船

背景	世界に先がけて市民革命が起こり，早くから市民が力をつけていた。
機械	自国で（　**A**　）織物を生産するための織機や紡績機の改良が進められた。
動力	ワットが**B**蒸気機関を改良した。
経済	**C**資本家が労働者を雇って生産した。

〔　　　　　〕

(4)　表中の下線部**C**で示した，新たな経済のしくみを何というか。〔　　　　　　　〕

3 【ヨーロッパのアジア侵略】

右の地図を見て，次の問いに答えなさい。

(1) 1840年に始まったイギリスと清の間の戦争の原因となった，清に対する密輸品は何か，カタカナ3文字で答えよ。　〔　　　　　　　〕

(2) (1)の戦争の結果，清からイギリスに譲り渡された，地図中の**A**の地域名を答えよ。　〔　　　　　　　〕

(3) (1)の戦争のあと，地図中の**B**の地域で起こったできごとを，次のア～エから1つ選び，記号で答えよ。

　ア　太平天国の乱　　イ　七月革命
　ウ　二月革命　　エ　ムガル帝国の滅亡　〔　　　　〕

(4) 地図中の**C**の地域で，19世紀半ばに起こった反乱を何というか。〔　　　　　　　〕

思考 (5) (4)の反乱はイギリスの植民地支配に反発したものだった。この背景となった，インドの産業の変化を，「イギリス」，「綿織物業」という語句を用いて説明せよ。

〔　　　　　　　　　　　　　　　　　　　　　　　　　　　　　　　　〕

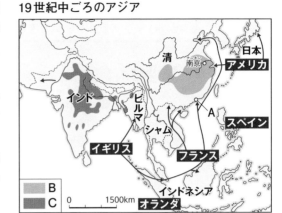

19世紀中ごろのアジア

清　南京　日本　アメリカ　インド　ビルマ　シャム　A　スペイン　イギリス　フランス　インドネシア　オランダ

0　1500km

B
C

入試レベル問題に挑戦

4 【産業革命と資本主義】

右は，産業革命が進展する中で発生した，社会問題に関する史料である。これを読んで，次の問いに答えなさい。

(1) 史料から読み取れる当時の社会問題を，次のア～エから1つ選び，記号で答えよ。
　ア　社会主義の台頭
　イ　大気汚染などの公害
　ウ　子どもの長時間・低賃金労働
　エ　女性差別

〔　　　　〕

(2) このころ，子どもの労働者が多く雇われるようになった理由を，「機械」という語句を用いて簡単に説明せよ。

〔　　　　　　　　　　　　　　　　　　　　　　　　　　　　　　　　〕

イギリスの工場で働く子どもの証言

問：朝の何時に工場に行き，その後どのくらい働きましたか。

答：朝の3時には工場に行き，仕事が終わるのは夜の10時から10時半近くでした。

問：休憩時間はどのくらい与えられましたか。

答：朝食に15分間，昼食に30分間，そして飲み物をとる時間に15分間です。

問：遅刻した場合はどうなりましたか。

答：5分遅刻しただけでも，給料を4分の1減らされました。　　（一部要約）

ヒント

産業革命が進むと，より速く，安く，大量に生産するために新しい機械が次々に発明された。

2 開国と明治維新

攻略のコツ 幕末の戦争や外交の流れと，明治政府の進めた国づくりを押さえよう。

リンク
ニューコース参考書
中学歴史
p.158〜167

テストに出る！ 重要ポイント

● 開国

❶ 開国…1853年にペリーが来航→翌年，**日米和親条約**→1858年に**日米修好通商条約**（**領事裁判権**と**関税自主権**に関して不平等）→貿易が始まる。

❷ **尊王攘夷運動**の高まり…天皇を尊び，外国勢力の排除を目指す→幕府の政策を批判。

❸ 大老**井伊直弼**…反対派を弾圧（**安政の大獄**）→**桜田門外の変**で暗殺される。

● 江戸幕府の滅亡と新政府の誕生

❶ **薩長同盟**…薩摩藩と長州藩は倒幕へ。

❷ 幕府の滅亡…徳川慶喜が政権を朝廷に返す（**大政奉還**）

❸ **王政復古の大号令**…新政府の樹立を宣言→**戊辰戦争**へ。

● 明治維新

❶ **五箇条の御誓文**…新政府の方針を示す。

❷ 中央集権国家へ…版籍奉還→**廃藩置県**。藩閥政府。

❸ 身分制度の廃止…武士を士族，百姓・町人を平民とする。

❹ 3つの改革…**学制・徴兵令・地租改正**。

Step 1　基礎力チェック問題

解答▶ 別冊p.14

1 次の〔　　〕に当てはまるものを選ぶか，当てはまる言葉を答えなさい。

☑(1)　日米和親条約により，〔　長崎　　下田　〕と函館が開港された。

☑(2)　日米修好通商条約では，貿易品にかける関税を独自に決める権利である〔　　　　　　　〕が日本になかった。

☑(3)　大老の〔　　　　　　　〕は尊王攘夷派の反発を買い，暗殺された。

☑(4)　薩摩藩と長州藩は，坂本龍馬らの仲介で〔　　　　　〕を結び，倒幕へ方針を切りかえた。

☑(5)　第15代将軍〔　　　　　　　〕は，政権を朝廷に返した。

☑(6)　新政府は〔　　　　　　〕を実施して全国に府と県を置いた。

☑(7)　身分制度が廃止され，武士は〔　平民　　士族　〕とされた。

☑(8)　新政府は〔　　　　　　〕を実施して，土地所有者に現金で税を納めさせた。

得点アップアドバイス

1

ヒント **日米和親条約で開かれた港**

(1) 2港が開かれ，その一方には，アメリカ領事が置かれた。

確認 **武士の特権**

(7) 武士は帯刀などの特権を奪われ，しだいに政府への不満を高めていった。

2 【開国】
右の図を見て，次の問いに答えなさい。

☑ (1) 図中の**A**に当てはまるアメリカの使節は誰か，答えよ。〔　　　　　　　　〕

☑ (2) 図中の**B**に当てはまる，アメリカと結ばれた条約名を答えよ。〔　　　　　　　　〕

☑ (3) 図中の下線部**C**について，吉田松陰らが処刑されたできごとを何というか，答えよ。〔　　　　　　　　〕

☑ (4) 尊王攘夷運動が急速に高まった時期は，図中の**ア・イ**のどちらか，記号で答えよ。〔　　　　　　　　〕

```
開国の要求：（　A　）の来航(1853年)
        ↓ ア
貿易開始：（　B　）通商条約
        ↓ イ
幕府による武士や公家へのC弾圧
```

3 【江戸幕府の滅亡と新政府の誕生】
右の表を見て，次の問いに答えなさい。

☑ (1) 表中の**A**〜**C**には，藩の名が当てはまる。次の①・②にあたる藩を**A**〜**C**から1つずつ選び，記号で答えよ。
① 4か国の連合艦隊に下関の砲台を占領された。〔　　　　　〕
② イギリス艦隊に鹿児島を砲撃された。〔　　　　　〕

所属	人物
A	高杉晋作，木戸孝允
B	西郷隆盛，大久保利通
C	坂本龍馬(脱藩)
公家	D岩倉具視

☑ (2) 表中の**D**の人物が中心となって，大政奉還ののちに天皇中心の新政府の成立が宣言された。この宣言を何というか。〔　　　　　　　　〕

4 【明治維新】
右の年表を見て，次の問いに答えなさい。

☑ (1) 年表中の**A**は，誰が神に誓うという形で出されたか，答えよ。〔　　　　　　　　〕

☑ (2) 年表中の**B**は，中央集権国家を目指して実施された政策の1つである。当てはまる政策を答えよ。〔　　　　　　　　〕

☑ (3) 年表中の**C**に当てはまる，満6歳以上の男女に小学校教育を受けさせることとした法令を何というか，答えよ。〔　　　　　　　　〕

☑ (4) 政府の収入を安定させるために実施された政策を，年表中の**ア〜ウ**から1つ選び，記号で答えよ。〔　　　　　　　　〕

年代	で き ご と
1868	五箇条の御誓文が出される…A
1869	（　B　）が実施される
1871	廃藩置県が実施される………ア
1872	（　C　）が出される
1873	徴兵令が出される…………イ
	地租改正が実施される………ウ

得点アップアドバイス

2

✓確認 **アメリカが開国を要求した目的**
(1) アメリカは，日本を捕鯨船の寄港地にするため，開国を要求した。

✓確認 **開国に反対する勢力**
(4) 大老の井伊直弼が，朝廷の許可を得ずにBの条約を結んだため，尊王攘夷運動が高まった。

3

ヒント **幕末に力をもった藩（雄藩）**
(1)
長州藩…山口県
薩摩藩…鹿児島県

注意 **1867年のできごと**
(2)
10月，大政奉還…徳川氏が政権を朝廷に返す。
12月，王政復古の大号令…徳川氏を政治の中心から追い出すため，天皇中心の新政府の成立を宣言。

4

暗記術 **一つやろうや五箇条で**
1868年　五箇条の御誓文が出される。

注意 **納税方法の変化**
(4) 米で納めさせていた税を，現金(貨幣)で納めさせることとした。

4章／開国と近代日本の歩み

2 開国と明治維新

65

1 【開国】
右の年表を見て，次の問いに答えなさい。

年代	で　き　ご　と
1853	ペリーが（　A　）に来航する
1854	日米和親条約が結ばれる………B
1858	日米修好通商条約が結ばれる…C
1860	桜田門外の変が起こる…………D

(1) 年表中のAに当てはまる地名を，次のア～エ
から1つ選び，記号で答えよ。
ア 下田　イ 函館
ウ 浦賀　エ 神戸
〔　　　　　〕

(2) 年表中のBの条約によって，アメリカ総領
事として来日した人物名を答えよ。
〔　　　　　〕

ミス注意 (3) 年表中のCの条約で開港された港として当
てはまらないものを，右の地図中のア～カか
ら1つ選び，記号で答えよ。　〔　　　　　〕

思考 (4) 年表中のCの条約で日本が相手国に認め
た，領事裁判権（治外法権）とはどのような権利か。簡単に説明せよ。
〔　　〕

(5) 年表中のDの原因となったできごとを，次のア～エから1つ選び，記号で答えよ。
ア 大塩の乱　　　　　イ 蛮社の獄
ウ モリソン号事件　　エ 安政の大獄　　　　　　　　　　　　　　〔　　　　　〕

よくでる (6) 年表中のDで暗殺された人物名を答えよ。　　　　　　　　〔　　　　　〕

2 【江戸幕府の滅亡と新政府の誕生】
右の年表を見て，次の問いに答えなさい。

年代	で　き　ご　と
1862	（　①　）藩の藩士がイギリス人を殺傷する（生麦事件）……………………A
1863	（　②　）藩が外国船を攻撃する……B
1866	薩長同盟が結ばれる………………C
1867	徳川慶喜が（　D　）を行う
1868	戊辰戦争が始まる…………………E

よくでる (1) 年表中の①・②に当てはまる藩を，次のア
～オから1つずつ選び，記号で答えよ。
ア 会津　イ 長州　ウ 土佐
エ 薩摩　オ 肥後
①〔　　　　　〕　②〔　　　　　〕

(2) 年表中のA・Bのできごとの報復として，外国からの攻撃を受けた①・②の藩は，
（　　　　　）が困難であることをさとった。（　　　　　）に当てはまる語句を漢字2字で答
えよ。
〔　　　　　〕

(3) 年表中のCの同盟を仲介した人物を，次のア～エから1つ選び，記号で答えよ。
ア 坂本龍馬　イ 木戸孝允　ウ 高杉晋作　エ 吉田松陰　〔　　　　　〕

よくでる (4) 年表中のDは，将軍が政権を朝廷に返上したできごとである。当てはまる語句を答え
よ。
〔　　　　　〕

(5) 年表中のEの戦争が終結した場所を，次のア～エから1つ選び，記号で答えよ。
ア 京都　イ 函館　ウ 江戸　エ 会津　　　　　　　　　　　〔　　　　　〕

3 【明治維新】

右の資料を見て，次の問いに答えなさい。

☑よくでる (1) 新政府の方針を示した**資料1**を何とい
うか，答えよ。

〔　　　　　　　　　〕

資料1

> 一，広ク会議ヲ興シ万機公論ニ決スベシ
> 一，旧来ノ陋習ヲ破リ，天地ノ公道ニ基クベシ

(2) 中央集権国家を目指して実施された改革を，次のア～エから1つ選び，記号で答えよ。

ア 四民平等　　イ 廃藩置県　　ウ 兵農分離　　エ 公地・公民　〔　　　　〕

(3) 身分制度が廃止され，華族とされた人々を，次のア～エから1つ選び，記号で答えよ。

ア 天皇の一族　　イ 町人　　ウ 百姓　　エ 大名　〔　　　　〕

☑よくでる (4) 新政府が実施した改革のうち，**資料2**のような変化をもたらした改革を何というか，答えよ。

〔　　　　　　　　　〕

資料2

	改正前	改正後
課税基準	収穫高	地価
税率	収穫の約半分	地価の（ A ）%
納税方法	物納（年貢）	金納（現金）
納入者	土地耕作者	土地所有者

ミス注意 (5) **資料2**中の**A**に当てはまる税率は，1873年の実施時には何%だったか，数字を答えよ。

〔　　　　％〕

(6) **資料3**は，徴兵令に先だって出された告諭である。**B**に当てはまる数字を答えよ。〔　　　　　　〕

資料3

> 今，欧米の長所を取り入れて海陸二軍を置き，全国の国民で男子（ B ）歳になった者は，すべて兵籍に編入し，国家の危急に備えるべきである。

入試レベル問題に挑戦

4 【江戸幕府の滅亡と新政府の誕生】【明治維新】

右の図は，明治新政府のしくみ（1871年）を示したものである。これを見て，次の問いに答えなさい。

(1) 幕末に同盟を結び，倒幕を目指した藩を，図中の**A**から2つ選べ。

〔　　　　　　〕〔　　　　　　〕

(2) 明治新政府はのちに「藩閥政府」と呼ばれるようになった。藩閥政府とはどのような政府か，図を読み取って説明せよ。

〔

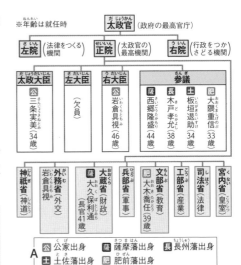

ヒント

江戸時代末から藩政改革を進めて財政を立て直した藩は「雄藩」と呼ばれ，倒幕の中心となった。また，戊辰戦争で旧幕府側についた藩は，明治新政府の組織から退けられた。

3 文明開化と立憲政治

攻略のコツ 産業・文化・政治制度が欧米から積極的に導入された点を押さえよう。

テストに出る！ 重要ポイント

● **欧米の文化の導入**
- ❶ **富国強兵**…欧米諸国に対抗できる国家になるための政策→**殖産興業**政策で「富国」，官営模範工場。徴兵制で「強兵」。
- ❷ **文明開化**…伝統的な生活様式が欧米風に変化。れんがづくりの建物，ガス灯，洋服。『学問のすゝめ』（福沢諭吉）。

● **国際関係**
- ❶ **岩倉使節団**…条約改正交渉は失敗→欧米の社会を視察。
- ❷ **隣国との関係・領土の画定**…清と**日清修好条規**，ロシアと**樺太・千島交換条約**。江華島事件→朝鮮と**日朝修好条規**。小笠原諸島の領有。沖縄県を置く（**琉球処分**）。

● **立憲政治の始まり**
- ❶ **自由民権運動**…板垣退助が民撰議院設立の建白書を提出。
- ❷ **士族の反乱**…西郷隆盛を中心に**西南戦争**が起こる。
- ❸ **政党の結成**…**自由党・立憲改進党**。国会開設に備える。
- ❹ **立憲制国家の成立**…**内閣制度**（伊藤博文首相）→**大日本帝国憲法**の発布（天皇主権）→**帝国議会**（貴族院・衆議院）。

Step 1　基礎力チェック問題

解答 別冊p.15

1 次の〔　　〕に当てはまるものを選ぶか，当てはまる言葉を答えなさい。

☑ (1) 富国強兵を目指した明治政府は，「富国」実現のために〔　　　　　　　〕政策を進め，近代産業を育てた。

☑ (2) 欧米の文化がさかんに取り入れられ，都市を中心に伝統的な生活が変化し始めたことを〔　　　　　　〕という。

☑ (3) 〔　　　　　　　〕を全権大使とする使節団が，欧米へ派遣された。

☑ (4) 1895年に尖閣諸島が沖縄県に，1905年に〔　　　　　　　〕が島根県に編入された。

☑ (5) 板垣退助らが始めた，国会を開設し，国民が政治に参加する権利を確立することを目指した運動を〔　　　　　　〕という。

☑ (6) 西郷隆盛を中心に鹿児島の士族が，〔　　　　　　〕を起こした。

☑ (7) 大隈重信は〔　自由党　立憲改進党　〕を結成した。

☑ (8) 大日本帝国憲法では〔　国民　天皇　〕が主権者とされた。

得点アップアドバイス

1　‥‥‥‥‥‥‥‥‥

確認 欧米への使節

(3) 使節団には，木戸孝允・大久保利通・伊藤博文ら，政府の有力者が多く参加した。

2 【欧米の文化の導入】
右の表を見て，次の問いに答えなさい。

街づくり	（　A　）づくりの建物，ガス灯
生活	洋装，肉食
思想	福沢諭吉，（　B　）
制度	電信，郵便，太陽暦

☑(1) 表中の**A**に当てはまる語句を，次のア～ウから1つ選び，記号で答えよ。
　　ア　石　　　イ　れんが
　　ウ　丸太　　　　　　　〔　　　　　〕

☑(2) 表中の**B**に当てはまる，ルソーの思想を日本に伝えた人物名を答えよ。
　　　　　　　　　　　　　　　〔　　　　　　　　　〕

☑(3) 表のような変化は，横浜などの開港地を中心に広がった。横浜からの主要な輸出品となった生糸の増産や品質向上のため，群馬県につくられた官営模範工場を何というか。
　　　　　　　　　　　　　　　〔　　　　　　　　　〕

3 【国際関係】
右の年表を見て，次の問いに答えなさい。

年代	で　き　ご　と
1869	蝦夷地を（　①　）と改める
1875	樺太・千島交換条約が結ばれる
	江華島事件が起こる………A
1879	琉球に（　②　）が置かれる

☑(1) 年表中の①・②に当てはまる地名を，次のア～エから1つずつ選び，記号で答えよ。
　　ア　北海道　　イ　新潟県
　　ウ　長崎県　　エ　沖縄県

　　　①〔　　　　　〕②〔　　　　　〕

☑(2) 年表中の**A**の結果，翌年に朝鮮は日本との間に不平等な条規を結ばされた。この条規を何というか，答えよ。〔　　　　　　　　　〕

4 【立憲政治の始まり】
右の図を見て，次の問いに答えなさい。

☑(1) 図中の**A**に当てはまる人物名を答えよ。　　　　　〔　　　　　　　〕

☑(2) 図中の下線部**B**の人物は，新しい憲法の草案をつくる際，主にどこの国の憲法を参考にしたか。〔　　　　　　〕

☑(3) 図中の下線部**C**が国民に与えるという形で発布された憲法を何というか，答えよ。〔　　　　　　〕

☑(4) 図中の下線部**D**のうち，国民の選挙により議員が選ばれた議院を何というか，答えよ。
　　　　　　　　　　　　　　　〔　　　　　　　　　〕

☑(5) 図中の**X**の時期に起こった次のできごとを古いものから順に並べよ。
　　ア　国会期成同盟の結成　　イ　西南戦争　　ウ　国会開設の勅諭

　　　〔　　　　→　　　　→　　　　〕

（　A　）が立志社をつくる
↓X
大隈重信が立憲改進党をつくる
↓
B伊藤博文が内閣総理大臣となる
↓
C明治天皇が元首となる
↓
D帝国議会が開かれる

4章／開国と近代日本の歩み

3　文明開化と立憲政治

得点アップアドバイス

2
⚠注意　**文明開化の地域差**
(1) 農村では江戸時代以来の生活がしばらく続いた。

3
✓確認　**開拓にあたった人々**
(1) 北海道には，職を失った士族や貧しい農民を屯田兵として送り，開拓と防衛にあたらせた。

4
💡ヒント　**大日本帝国憲法の草案**
(2) 君主の権限が強い国の憲法を参考にした。

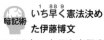

暗記術　**いち早く憲法決めた伊藤博文**
1889年　大日本帝国憲法が発布される。

1 【欧米の文化の導入】

右の資料を見て，次の問いに答えなさい。

(個人蔵)

資料1

ミス注意 (1) **資料1**は，1874年ごろの銀座(東京)の様子を描いたものである。**資料1中に見られないもの**を，次のア〜エから1つ選び，記号で答えよ。　　　〔　　　〕

ア　ガス灯　　イ　人力車
ウ　飛脚　　　エ　れんがづくりの建物

✓よくでる (2) **資料2**は，人間の平等と学問の重要性をわかりやすく説いたものである。この著者名を答えよ。
〔　　　　　　　〕

(3) **資料1・2**に見られるような，欧米の文化がさかんに取り入れられた風潮を何というか。
〔　　　　　　　〕

資料2

> 天は人の上に人をつくらず，人の下に人をつくらずと云へり。されば天より人を生ずるには，万人は万人皆同じ位にして，生れながら貴賤上下の差別なく，……　　(以下略)

(4) **資料1・2**と同じころ，(　A　)が採用されて1週間が7日間となった。また，政府は富岡製糸場などの(　B　)工場をつくり，産業の振興を図った。A・Bに当てはまる語句をそれぞれ答えよ。

A〔　　　　　　〕　B〔　　　　　　〕

2 【国際関係】

右の地図を見て，次の問いに答えなさい。

✓よくでる (1) 1871年に地図中の**A**で示した港を出発した使節団の全権大使は誰か，答えよ。　　　〔　　　　　　〕

思考 (2) 地図中の**B**の条約と**C**の条約には，異なる特色がある。その特色を，「対等」という語句を用いて説明せよ。

〔　　　　　　　　　　　　　　　　　〕

(3) 地図中の**C**の条約が結ばれる口実となった，1875年に朝鮮で起こった事件を何というか。
〔　　　　　　　〕

ロシア
D樺太・千島交換条約
樺太
千島列島
C日朝修好条規
清
朝鮮
A横浜港
日本
E琉球処分
B日清修好条規

✓よくでる (4) 地図中の**D**の条約を日本と結んだ国を，地図中から1つ選んで答えよ。
〔　　　　　　〕

(5) 地図中の**E**について説明した次の文中の①・②に当てはまる語句を，下のア〜オから1つずつ選び，記号で答えよ。　①〔　　　〕　②〔　　　〕

1874年，日本は(　①　)に兵を送った→清は琉球の人々を日本国民と認めた→1879年，日本は軍隊の力を背景に(　②　)県を設置した。

ア　対馬　　イ　台湾　　ウ　朝鮮　　エ　沖縄　　オ　蝦夷地

3 【立憲政治の始まり】

右の年表を見て，次の問いに答えなさい。

(1) 年表中の**A**に当てはまる，「国民が選んだ議員からなる国会」という意味の語句を答えよ。

〔　　　　　　　　　〕

(2) 年表中の**B**に当てはまる身分を答えよ。

〔　　　　　　　　　〕

(3) 年表中の**C**の政党名，**D**の人物名を答えよ。

C 〔　　　　　　　　　〕

D 〔　　　　　　　　　〕

✓よくでる (4) 年表中の**E**で初代内閣総理大臣（ないかくそうりだいじん）となった人物を，次の**ア**〜**エ**から1つ選び，記号で答えよ。

ア 木戸孝允（きどたかよし）　**イ** 大隈重信（おおくましげのぶ）　**ウ** 中江兆民（なかえちょうみん）　**エ** 伊藤博文（いとうひろぶみ）　〔　　　　　〕

✓よくでる (5) 右の**資料**は，年表中の**F**の一部である。（　　）に当てはまる語句を答えよ。　〔　　　　　　　　〕

ミス注意 (6) 次の①・②が起こった時期を，年表中の**ア**〜**エ**から1つずつ選び，記号で答えよ。

① 秩父（ちちぶ）事件が起こる。〔　　　〕　② 国会開設の勅諭（ちょくゆ）が出される。〔　　　〕

年代	できごと
1874	（　**A**　）設立の建白書（けんぱくしょ）が出される
	↕**ア**
1877	西郷隆盛（さいごうたかもり）を中心に鹿児島の（　**B**　）が西南戦争（せいなん）を起こす
	↕**イ**
1881	板垣退助（いたがきたいすけ）が（　**C**　）を結成する
1882	（　**D**　）が立憲改進党（りっけんかいしんとう）を結成する
	↕**ウ**
1885	内閣制度がつくられる…………**E**
	↕**エ**
1889	大日本帝国憲法（ていこく）が発布される……**F**

資料

> 第1条　大日本帝国ハ万世一（ばんせいいっ）系ノ（　　）之ヲ統治ス（けい）（これ）

入試レベル問題に挑戦

4 【国際関係】

右の絵は，征韓論（せいかんろん）をめぐって1873年に起こった政府内の対立を描（えが）いたものである。これを見て，次の問いに答えなさい。

(1) **A**の西郷隆盛を中心とする勢力が唱えた「征韓論」は，どのような主張か。「開国」という語句を用いて簡単に説明せよ。

〔
　　　　　　　　　　　　　　　　　　　　　　　　　　　　　　　　　　
〕

（国立国会図書館）

A西郷隆盛ら征韓派　　B内政優先派

(2) **B**の内政優先派に属した人物として当てはまらないものを，次の**ア**〜**ウ**から1つ選び，記号で答えよ。

ア 板垣退助　**イ** 大久保利通（おおくぼとしみち）　**ウ** 岩倉具視（いわくらともみ）　〔　　　　　〕

(3) 征韓論をめぐる政府内の対立は，どのような結末を迎（むか）えたか，簡単に説明せよ。

〔
　　　　　　　　　　　　　　　　　　　　　　　　　　　　　　　　　　
〕

💡**ヒント**

> **B**は1871年からの海外への使節団に参加した人物，**A**はその間に政府の留守を守った人物が中心である。

にっしん にちろ

リンク
ニューコース参考書
中学歴史
p.180〜191

攻略のコツ 日本が条約改正と戦争，産業革命により，列強となっていく様子をとらえよう。

テストに出る！ **重要ポイント**

● **条約改正と**
日清戦争

❶ **条約改正**…1894 年に陸奥宗光が**領事裁判権（治外法権）** を撤廃。1911 年に小村寿太郎が**関税自主権**を回復。

❷ **日清戦争**…朝鮮で**甲午農民戦争**，清と日本が朝鮮に出兵→ 日清戦争→日本が勝利し，**下関条約**を結ぶ。ロシア・フラ ンス・ドイツの**三国干渉**で遼東半島を清へ返還。

● **日露戦争と**
韓国併合

❶ **日英同盟**…ロシアの南下に対抗してイギリスと結ぶ。

❷ **日露戦争**…義和団事件→日露戦争→**ポーツマス条約**。

❸ **韓国併合**…1910 年に日本が韓国を植民地化。

❹ **辛亥革命**…孫文を臨時大総統とする**中華民国**成立。

● **産業・文化の発達**

❶ **産業革命**…1880 年代から軽工業中心に産業革命が始まる。

●日清戦争後に官営の**八幡製鉄所**が建設される。

●労働争議が増加。公害問題の発生（足尾銅山鉱毒事件）。

❷ **近代文化**…**夏目漱石**らの文学，**野口英世**らの自然科学。

Step 1　基礎力チェック問題

解答 別冊 p.16

1 次の〔　　〕に当てはまるものを選ぶか，当てはまる言葉を答え なさい。

☑ (1) 1894 年，日清戦争の直前に，陸奥宗光外相の交渉により，イギリス との間で〔　　　　　　　〕が撤廃された。

☑ (2) 朝鮮で起こった〔　義和団事件　甲午農民戦争　〕をきっかけに， 1894 年，日清戦争が始まった。

☑ (3) 日清戦争後の〔　　　　　　　〕条約で，日本は賠償金を得た。

☑ (4) ロシアがドイツ・フランスとともに，日本に遼東半島の返還を要求 したできごとを〔　　　　　　　〕という。

☑ (5) 日本は，ロシアの南下を警戒したイギリスとの間で〔　　　　　　〕 を結んだ。

☑ (6) 〔　　　　　　　〕戦争の講和会議で，ポーツマス条約が結ばれた。

☑ (7) 1910 年，日本は〔　　　　　　　〕を併合した。

☑ (8) 1901 年，現在の福岡県で官営の〔　　　　　　　〕が生産を始めた。

得点アップアドバイス

1

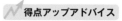

注意 ロシアの干渉 の目的

(4) ロシアは，日本が中 国に勢力を広げることを 警戒したため。

2 【条約改正と日清戦争】
右の年表を見て，次の問いに答えなさい。

年代	で き ご と
1889	大日本帝国憲法が発布される
	↕ ア
1894	日清戦争が起こる…………A
	↕ イ
1904	日露戦争が起こる
	↕ ウ
1910	大逆事件が起こる
	↕ エ
1914	第一次世界大戦に参戦する

☑(1) 次の①・②の条約改正が最初に実現した時期を，年表中のア～エから1つずつ選び，そのときの外務大臣の名をそれぞれ答えよ。
① 領事裁判権(治外法権)の撤廃
〔 　　 〕〔 　　　　 〕
② 関税自主権の回復
〔 　　 〕〔 　　　　 〕

☑(2) 年表中のAの結果，日本の植民地とされ，約50年間にわたって日本に支配された地域を，次のア～エから1つ選び，記号で答えよ。
ア 琉球　イ 樺太　ウ 遼東半島　エ 台湾　〔 　　 〕

3 【条約改正と日清戦争】【日露戦争と韓国併合】
右の図を見て，次の問いに答えなさい。

☑(1) 図中のア・イの条約のうち，三国干渉が行われたのはどちらの条約に対してか，1つ選び，記号で答えよ。
〔 　　 〕

☑(2) 図中のAに当てはまる国名を答えよ。〔 　　　　 〕

☑(3) 図中のBには，中国で起こった革命の名が当てはまる。Bに当てはまる語句を答えよ。〔 　　　　 〕

4 【産業・文化の発達】
次の問いに答えなさい。

☑(1) 日本では1880年代から軽工業が発展し，資本主義が確立された。この変化を何というか，答えよ。〔 　　　 〕

☑(2) 次の①・②に当てはまる地域を，右の地図中のア～オから1つずつ選び，記号で答えよ。
① 足尾銅山鉱毒事件が起こった。
② 官営の八幡製鉄所がつくられた。　①〔 　　 〕②〔 　　 〕

☑(3) 明治時代に『吾輩は猫である』，『坊っちゃん』などの小説を著した人物名を答えよ。〔 　　　 〕

 得点アップアドバイス

2
ヒント **条約改正の順番**
(1) 政治上の権利が先，経済上の権利があとに回復された。

 下関条約で獲得した領土
(2) 下関条約後の三国干渉で返還された地域と，返還されなかった地域を区別する。

3
確認 **ロシアとの対立**
(1) 三国干渉に対する不満が，その後のロシアとの対立へつながった。

暗記術 **遠くをにらんで日英同盟**
1902年　日英同盟が結ばれる。

4

 公害問題の発生
(2)① 田中正造が銅山の操業停止や被害者の救済を訴えた。

1 【条約改正と日清戦争】

右の地図を見て，次の問いに答えなさい。

(1) 地図中のAの国と日本との戦争が始まる直前，日本との不平等条約の改正に応じた国の名を答えよ。　〔　　　　　〕

(2) 地図中のAの国と日本との間で，1894年に起こった戦争を何というか，答えよ。　〔　　　　　〕

(3) 次の①・②に当てはまる地域を，地図中の**ア～エ**から1つずつ選び，記号で答えよ。

✔よくでる ① (2)の戦争の結果，日本が手に入れた領土のうち，三国干渉によってAへ返還した地域。　〔　　　〕

② (2)の戦争の結果，Aの国が独立を認めた地域。　〔　　　〕

(4) (2)の戦争の講和条約を何というか。　〔　　　　　〕

✔よくでる (5) (2)の戦争の結果を，次の**ア～エ**から1つ選び，記号で答えよ。

　ア　日本はAの国に賠償金を支払った。　イ　両国とも賠償金を得られなかった。
　ウ　Aの国は日本に賠償金を支払った。　エ　両国とも賠償金を得た。
　　　　　〔　　　〕

2 【日露戦争と韓国併合】

右の年表を見て，次の問いに答えなさい。

(1) 年表中の（　A　）事件は，外国人を排斥する運動が激化したものである。Aに当てはまる語句を答えよ。　〔　　　　　〕

思考 (2) 年表中のBの同盟が結ばれたのはなぜか。「ロシア」という語句を用いて，簡単に説明せよ。

〔　　　　　　　　　　　　　　　　　　　　　　　　　　　〕

年代	で き ご と
1900	清で（　A　）事件が起こる
1902	日英同盟が結ばれる…………B
1904	日露戦争が始まる…………C
1906	（　D　）株式会社が設立される

(3) 年表中のCの戦争が始まる前，非戦論を唱えた人物を，次の**ア～エ**から1つ選び，記号で答えよ。

　ア　小村寿太郎　　イ　幸徳秋水
　ウ　大隈重信　　　エ　津田梅子　〔　　　〕

ミス注意 (4) 右の**資料**は，年表中のCの講和条約の一部である。**資料**中の下線部の利権をもとに，年表中の下線部の会社が設立された。年表中のDに当てはまる語句を答えよ。　〔　　　　　〕

資料

・韓国の指導，監督は日本が行う。
・旅順と大連は，日本が借り受ける。
・長春以南の鉄道利権は日本に譲る。
・樺太の南半分を日本に譲る。

③ 【日露戦争と韓国併合】

右の年表を見て，次の問いに答えなさい。

年代	できごと
1905	韓国統監府が置かれる………A
	↕ ア
1909	（　B　）がハルビンで暗殺される
	↕ イ
1911	中国で辛亥革命が起こる………C
	↕ ウ

✓よくでる (1)　年表中の**A**は，日露戦争の講和条約の内容に基づき，実施された政策である。この講和条約を何というか，答えよ。〔　　　　　　　〕

(2)　年表中の**B**に当てはまる，初代の韓国統監だった人物名を答えよ。〔　　　　　　　〕

(3)　年表中の**C**により成立した，アジア初の共和国を何というか，答えよ。〔　　　　　　　〕

(4)　韓国併合が行われた時期を，年表中の**ア〜ウ**から１つ選び，記号で答えよ。

〔　　　　　　　〕

④ 【産業・文化の発達】

右のグラフを見て，次の問いに答えなさい。

ミス注意 (1)　日本の綿糸輸出量が輸入量を上回った時期を，次の**ア〜エ**から１つ選び，記号で答えよ。

ア　1886年　　**イ**　1891年　　**ウ**　1896年　　**エ**　1901年

〔　　　　　　　〕

✓よくでる (2)　グラフ中の**A**の年に操業を始めた官営の製鉄所を何というか，答えよ。〔　　　　　　　〕

(3)　破傷風の血清療法を発見したことなどにより，グラフ中の**A**の年のノーベル賞の候補に挙げられた日本人科学者は誰か。

〔　　　　　　　〕

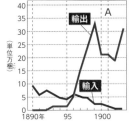

日本の綿糸貿易量

輸出　　A

（単位万梱）

輸入

1890年　　95　　1900

入試レベル問題に挑戦

⑤ 【日露戦争と韓国併合】

右の史料は，日露戦争の前に対立した開戦論と非戦論を示している。これを読んで，次の問いに答えなさい。

(1)　開戦論はどちらにあたるか，**A・B**から選び，記号で答えよ。

〔　　　　〕

(2)　与謝野晶子の「君死にたまふことなかれ」という詩はどちらの主張に近いか，**A・B**から選び，記号で答えよ。〔　　　　〕

A　戦争は人を殺すことであり，大罪悪である。そうして個人も国家も永久に利益を収めることができるはずがない。戦争の利益は，その害毒をあがなうには足りない。戦争の利益は強盗の利益である。

B　どうして先人の失敗をくり返して失策を重ねるべきか。思うにロシアは朝鮮で問題を起こそうとしているようだ。なぜならば争いの中心を朝鮮に置けば，満州は当然ロシアの勢力内に含まれると解釈できるという好都合があるためだ。

💡 **ヒント**

キリスト教徒や社会主義者が唱えた非戦論は，世論を動かすことはできず，日本とロシアとの交渉が決裂したことで1904年に日露戦争が始まった。

定期テスト予想問題 ④

1 右の表を見て，次の問いに答えなさい。 【2点×9】

(1) 表中の下線部**a**について，次の①・②に当てはまる革命を何というか，それぞれ答えよ。
　① クロムウェルが議会側を指導した。
　② 議会が国王を追放し，新しい国王を迎えた。

(2) 表中の下線部**a**の中で発表された権利(の)章典の一部を，右の**ア～ウ**から1つ選び，記号で答えよ。

(3) 表中の下線部**b**で発表された独立宣言の一部を，右の**ア～ウ**から1つ選び，記号で答えよ。

(4) 表中の下線部**c**で，機械の動力として利用されるようになったものを何というか。

(5) 表中の下線部**d**について，**資料1**中の**ア・イ**のうち，イギリスからアジアへの輸出量を示したものはどちらか。記号で答えよ。

(6) 表中の**e**に当てはまる語句を答えよ。

(7) 表中の下線部**f**について，**資料2**中の**あ～う**はアヘン・綿織物・茶や絹の流れを示している。アヘンにあたるものを，**あ～う**から1つ選び，記号で答えよ。

(8) 労働組合がつくられるようになった地域・時期を，表中の**ア～エ**から1つ選び，記号で答えよ。

ヨーロッパ	アジア
・17世紀…イギリスで_a市民革命が起こる。 ↕ ア ・18世紀…アメリカで_b独立戦争が起こる。イギリスで_c産業革命が起こる ↕ イ ・19世紀…リンカン率いる北部が　e　戦争で勝利する。	・17世紀…オランダが東インド会社を設立する。 ↕ ウ ・18世紀…イギリスが_dインドとの貿易を広げる。 ↕ エ ・19世紀…イギリスが_f中国とインドを侵略する。

ア われわれは，すべての人は平等につくられ，創造者によって一定の譲れない権利を与えられていることを自明の真理と認める。

イ 主権のみなもとは，もともと国民の中にある。どのような団体や個人であっても，国民から出たものでない権力を使うことはできない。

ウ 議会の同意なく，王の権限によって法律を施行したりあるいは停止したりすることは許されない。

資料1　綿織物の輸出

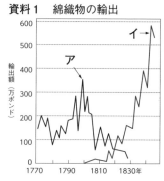

資料2　三角貿易

(1)①		②		(2)		(3)	
(4)		(5)		(6)		(7)	(8)

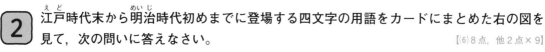

2 江戸時代末から明治時代初めまでに登場する四文字の用語をカードにまとめた右の図を見て，次の問いに答えなさい。

【(6)8点，他2点×9】

(1) カード**a**について，尊王攘夷派が日米修好通商条約を結んだ幕府を批判した理由を，次の**ア**～**エ**から1つ選び，記号で答えよ。

ア 下田に領事を置くこととしたから。

イ 大阪が開港されなかったから。

ウ 朝廷の許しを得ずに条約を結んだから。　**エ** 武士への恩賞が不十分だったから。

〈幕末の重要用語〉

a 尊王攘夷	b 薩長同盟	c 大政奉還

〈明治時代の重要用語〉

d 明治維新	e 廃藩置県	f 四民平等
g 地租改正	h 富国強兵	i (　　　)

(2) カード**a**について，安政の大獄で尊王攘夷派を弾圧した人物名を答えよ。

(3) カード**b**について，薩摩藩の中心人物を，次の**ア**～**エ**から1つ選び，記号で答えよ。

ア 西郷隆盛　　**イ** 坂本龍馬　　**ウ** 木戸孝允　　**エ** 高杉晋作

(4) カード**c**について，政権を朝廷に返した将軍を，次の**ア**～**エ**から1つ選び，記号で答えよ。

ア 徳川吉宗　　**イ** 徳川家茂　　**ウ** 徳川家光　　**エ** 徳川慶喜

(5) カード**d**について，明治新政府の方針を示した五箇条の御誓文の内容に当てはまらないものを，右の**ア**～**エ**から1つ選び，記号で答えよ。

ア 智識ヲ世界ニ求メ，大ニ皇基ヲ振起スヘシ

イ 官武一途庶民ニ至ル迄，各其志ヲ遂ケ，人心ヲシテ倦マサラシメンコトヲ要ス

ウ 今ヨリ以後，一般ノ人民，必ス村ニ不学ノ戸ナク，家ニ不学ノ人，ナカラシメン

エ 上下心ヲ一ニシテ盛ニ経綸ヲオコナフヘシ

(6) カード**e**の改革では，藩を廃して府・県を置き，中央から府知事・県令を派遣した。このような改革を行った目的を，簡単に説明せよ。

(7) カード**f**について，新しい身分制度において武士は何と呼ばれたか。次の**ア**～**エ**から1つ選び，記号で答えよ。

ア 華族　　**イ** 士族　　**ウ** 皇族　　**エ** 平民

(8) カード**g**によって，土地に対する税はどのように納めることになったか。次の**ア**～**エ**から1つ選び，記号で答えよ。

ア 収穫量の3％を現金で納める。　　**イ** 収穫量の3％を米で納める。

ウ 地価の3％を米で納める。　　**エ** 地価の3％を現金で納める。

(9) カード**h**について，徴兵の制度が始まったとき，実際に徴兵された者の多くは，どのような人々だったか。次の**ア**～**エ**から1つ選び，記号で答えよ。

ア 農家の長男　　**イ** 農家の二男，三男　　**ウ** 一家の主人　　**エ** 一家のあと継ぎ

(10) カード**i**には，「鉄道・銀行・郵便などを整備し，近代産業を育成する」という意味の語句を当てはめたい。何という語句を入れればよいか，答えよ。

(1)		(2)			(3)		(4)		(5)	

(6)	

(7)		(8)		(9)		(10)	

定期テスト予想問題④

77

右の人物カードを見て，次の問いに答えなさい。　　　　　【(4)9点，他2点×9】

(1) 下線部 a について，アメリカから招かれたクラーク博士が農業開発に力をつくした地域を，次のア〜エから1つ選び，記号で答えよ。

　　ア　沖縄　　　　イ　北海道
　　ウ　関東地方　　エ　四国地方

(2) b に当てはまる著作を，次のア〜エから1つ選び，記号で答えよ。

　　ア　統治二論　　イ　社会契約論
　　ウ　法の精神　　エ　学問のすゝめ

(3) 下線部 c について，次の問いに答えよ。
　　① このような主張を何というか，答えよ。
　　② 日本政府は，1875年に起こった江華島事件を口実に，翌年，朝鮮と条約を結び，朝鮮を開国させた。この条約を何というか。

(4) 下線部 d が広まると，政府は集会条例などを制定した。右下の絵は，この政策を風刺したものである。政府は自由民権運動に対して，どのような対応をとったのか，簡単に説明せよ。

(5) e に当てはまる政党を，次のア〜エから1つ選び，記号で答えよ。

　　ア　立憲改進党　　イ　立憲国民党
　　ウ　自由党　　　　エ　立憲政友会

(6) f に当てはまる人物名を答えよ。

(7) 下線部 g について，次の問いに答えよ。
　　① 主に参考とされた憲法は，どこの国のものか。次のア〜エから1つ選び，記号で答えよ。
　　　　ア　ドイツ（プロイセン）　　イ　イギリス
　　　　ウ　オランダ　　　　　　　エ　フランス
　　② この調査をもとに，1889年に制定された憲法を何というか，答えよ。

(8) 下線部 h について，主にこの内閣を構成していた者を，次のア〜エから1つ選び，記号で答えよ。

　　ア　会津藩と米沢藩の出身者　　イ　長州藩と薩摩藩の出身者　　ウ　公家　　エ　徳川氏

福沢諭吉

　1860年から a アメリカなどを訪れ，帰国後に「（ b ）」などを著し，欧米の近代思想を紹介した。

西郷隆盛

　c 武力に訴えてでも朝鮮を開国させようとしたが，その意見は受け入れられず，1873年に政府から去った。

板垣退助

　1874年に立志社をつくって d 自由民権運動の中心となって活動し，国会の開設が決まると（ e ）を結成した。

（ f ）

　1882年にヨーロッパへ派遣され，g 各国の憲法を調査した。帰国後には初代の h 内閣総理大臣となった。

（美術同人社）

(1)		(2)		(3)①		②		
(4)								
(5)		(6)			(7)①		②		(8)

4 右の年表を見て，次の問いに答えなさい。

【(4)②9点，他2点×10】

年代	で き ご と
1886	ノルマントン号事件が起こる…A
	↕ア
1894	日清戦争が起こる………………B
	↕イ
1899	中国で外国人排斥運動が起こる
	↕ウ
1902	日(C)同盟が結ばれる
	↕エ
1905	ポーツマス条約が結ばれる……D
	↕オ
1910	(E)併合が行われる
	↕カ
1912	中華民国が成立する…………F

(1) 年表中のAの事件では，イギリス人船長が（　　）に基づいてイギリス側の裁判所で裁かれ，軽い罪に終わった。（　　）に当てはまる語句を答えよ。

(2) 年表中のBについて，次の問いに答えよ。

① この戦争のきっかけとなったできごとを，次のア～エから1つ選び，記号で答えよ。

ア　西南戦争　　イ　甲午農民戦争
ウ　大逆事件　　エ　琉球処分

② この戦争に勝利した日本は，清から遼東半島を譲り受けたが，三国干渉でこれを返還した。三国干渉を行った3か国を，次のア～カから3つ選び，記号で答えよ。(完答)

ア　イギリス　　イ　ロシア　　ウ　ドイツ　　エ　アメリカ
オ　フランス　　カ　オランダ

(3) 年表中のCには，日本と同盟を結んだ相手国を表す漢字1字が当てはまる。この漢字を答えよ。

(4) 年表中のDに関連して，次の問いに答えよ。

① この条約によって，ロシアから日本に譲られた領土を，次のア～エから1つ選び，記号で答えよ。

ア　北海道　　イ　琉球　　ウ　南樺太　　エ　千島列島

② 条約の内容を聞いた日本の国民は，各地で抗議運動を起こした。条約のどのような内容に不満をもったのか，簡単に説明せよ。

(5) 年表中のEに当てはまる，日本が植民地とした国の名を答えよ。

(6) 年表中のFの国で，最初の臨時大総統となった人物を，次のア～エから1つ選び，記号で答えよ。

ア　孫文　　イ　フビライ＝ハン　　ウ　袁世凱　　エ　安重根
スンウェン　　　　　　　　　　　　ユアンシーカイ　　アンジュングン

(7) 次の①～③のできごとが起こった時期を，年表中のア～カから1つずつ選び，記号で答えよ。

① 日本が関税自主権を完全に回復する。
② 八幡製鉄所が操業を始める。
③ 下関条約が結ばれる。

(1)		(2)①		②		(3)		(4)①	

②	

(5)		(6)		(7)①		②		③	

定期テスト予想問題④

79

1 第一次世界大戦と日本

リンク
ニューコース参考書
中学歴史
p.198〜205

攻略のコツ 2つの勢力の対立から起こった大戦と，戦後の国際協調への流れをつかもう。

テストに出る！ **重要ポイント**

● 第一次世界大戦の始まり

❶ **第一次世界大戦**…1914年，三国同盟と三国協商の対立から開戦→日本は日英同盟（にちえい）を理由に連合国側で参戦→1915年，中国に**二十一か条の要求**を出す。

❷ **ロシア革命**…1917年，レーニンの指導で史上初の社会主義政府成立。各国による干渉戦争（かんしょう）（シベリア出兵）。

● 第一次世界大戦の終わり

❶ **パリ講和会議**…連合国が勝利し，1919年に連合国とドイツとの間で**ベルサイユ条約**が結ばれる。

❷ 国際協調…ウィルソン大統領の提案で，**国際連盟**発足（ほっそく）（1920年）。アメリカの呼びかけでワシントン会議（1921〜22年）。

● 民主主義の拡大とアジアの民族運動

❶ ドイツ…民主的な**ワイマール憲法**が成立。
❷ 朝鮮（ちょうせん）…日本からの独立を求める**三・一独立運動**（さん・いち）。
❸ 中国…日本の侵略（しんりゃく）に反対する**五・四運動**（ご・し）。
❹ インド…ガンディーが非暴力・不服従（ていこう）の抵抗運動。

Step 1 基礎力チェック問題

解答 ▶ 別冊p.18

1 次の〔　〕に当てはまるものを選ぶか，当てはまる言葉を答えなさい。

☑ (1) 1914年，ドイツを中心とする〔　　　　　　〕と，イギリスを中心とする連合国（協商国）との間で，第一次世界大戦が始まった。

☑ (2) 日本は，日英同盟（にちえい）を理由に〔　　　　　　〕側について参戦した。

☑ (3) 1915年，日本は中国に対して〔　　　　　　〕の要求を出した。

☑ (4) 1917年，レーニンの指導で〔　　　　〕革命が起こった。

☑ (5) 1919年，連合国とドイツの間で〔　　　　　　〕が結ばれ，ドイツはすべての植民地と一部の領土を失い，巨額の賠償金（ばいしょうきん）を課された。

☑ (6) アメリカのウィルソン大統領の提案をもとに，平和を守るための世界初の国際組織として，〔　国際連合　　国際連盟　〕が設立された。

☑ (7) 1919年，日本に対する抗議（こうぎ）から中国で〔　　　　　〕が起こった。

☑ (8) インドでは〔　　　　　〕の指導で，非暴力・不服従（ていこう）の抵抗運動が進められた。

 得点アップアドバイス

1

確認 **第一次世界大戦のきっかけ**

(1) 「ヨーロッパの火薬庫」と呼ばれたバルカン半島のサラエボで，オーストリアの皇位継承者夫妻（けいしょうしゃ）が暗殺された事件をきっかけに開戦した。

確認 **インドの民族運動**

(8) イギリスは第一次世界大戦に協力すればインドに自治を認めると約束したが，この約束は守られなかった。

２【第一次世界大戦の始まり】
右の図を見て，次の問いに答えなさい。

- ☑(1)　図中の下線部Aの三国協商のうち，1902年に日本と同盟を結んだ国の名を答えよ。
  〔　　　　　　　　〕

- ☑(2)　図中の下線部Bの戦争は，何と呼ばれているか，答えよ。
  〔　　　　　　　　〕

- ☑(3)　図中の下線部Cは，何という国に対して出されたものか，答えよ。

- ☑(4)　図中の下線部Dの革命の指導者の名を答えよ。
  〔　　　　　　　　〕

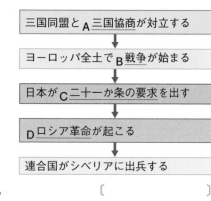

三国同盟とA三国協商が対立する

↓

ヨーロッパ全土でB戦争が始まる

↓

日本がC二十一か条の要求を出す

↓

Dロシア革命が起こる

↓

連合国がシベリアに出兵する

〔　　　　　　　　〕

３【第一次世界大戦の終わり】
右の年表を見て，次の問いに答えなさい。

- ☑(1)　年表中のAの条約を連合国との間に結んだ国の名を答えよ。
  〔　　　　　　　　〕

- ☑(2)　パリ講和会議で年表中のBの設立を提案した，アメリカ大統領は誰か，答えよ。
  〔　　　　　　　　〕

- ☑(3)　年表中のCに当てはまる，アメリカの呼びかけで会議が開かれた都市名を，次のア～エから1つ選び，記号で答えよ。
  ア　ワシントン　　　イ　ジュネーブ
  ウ　ニューヨーク　　エ　パリ
  〔　　　　　　　　〕

年代	で　き　ご　と
1918	同盟国側が敗北する
1919	ベルサイユ条約が結ばれる……A
1920	国際連盟が設立される………B
1921	（　C　）会議が開かれる

４【民主主義の拡大とアジアの民族運動】
右の地図を見て，次の問いに答えなさい。

- ☑(1)　1922年，地図中の▨に成立した，世界初の社会主義国を何というか，答えよ。
  〔　　　　　　　　〕

- ☑(2)　次の①～③の運動が起こった地域を，地図中のア～オから1つずつ選び，記号で答えよ。
  ①　非暴力・不服従の抵抗運動　　②　五・四運動
  ③　三・一独立運動
  ①〔　　　〕②〔　　　〕③〔　　　〕

得点アップアドバイス

[2]

注意　ヨーロッパの2つの勢力

(1)
三国同盟…ドイツ・オーストリア・イタリア
三国協商…イギリス・ロシア・フランス

確認　二十一か条の要求の内容
(3)　ドイツの山東省における権益を日本が引き継ぐことなどを求めた。

[3]

ヒント　第一次世界大戦の敗戦国の動き
(1)　1930年代になると，この国はベルサイユ条約を破棄して再軍備を進めた。

確認　国際連盟を提案した大統領
(2)　ほかに，民族自決の原則を唱え，東ヨーロッパで多くの民族が独立した。

暗記術　ビッグに丸めて国際連盟
1920年　国際連盟が設立される。

[4]

ヒント　世界初の社会主義国
(1)　各地で結成された労働者や兵士の代表会議の名称が国名に含まれている。

1 【第一次世界大戦の始まり】
右の年表を見て，次の問いに答えなさい。

年代	できごと
1882	三国同盟が成立する………A
	↕ア
1907	三国協商が成立する………B
	↕イ
1914	第一次世界大戦が始まる……C
	↕ウ
1917	ロシア革命が起こる………D

(1) 年表中のA・Bのそれぞれに加わっていた国を，次のア〜オから1つずつ選び，記号で答えよ。
ア　イギリス　　イ　オランダ
ウ　スペイン　　エ　ポルトガル
オ　ドイツ
　　　　　　　　A〔　　　〕 B〔　　　〕

(2) 年表中のCのきっかけとなった，オーストリア皇位継承者夫妻の暗殺事件が起こった地域を，次のア〜エから1つ選び，記号で答えよ。
ア　イベリア半島　　　　　イ　バルカン半島
ウ　スカンディナビア半島　エ　イタリア半島　　　　　　　　〔　　　〕

思考(3) 年表中のCの戦争が始まると，日本は連合国側について参戦した。なぜ連合国側についたのか，その理由を簡単に説明せよ。

〔　　　　　　　　　　　　　　　　　　　　　　　　　　　　　　　〕

(4) 年表中のDの革命によって，史上初の（　　　）の政府が成立した。（　　　）に当てはまる，労働者を中心とする平等な社会を目指そうとする考え方を何というか。
　　　　　　　　　　　　　　　　　　　　　　　　　　　　〔　　　　　〕

✓よくでる(5) 次のできごとが起こった時期を，年表中のア〜ウから1つ選び，記号で答えよ。

日本は中国に対して，山東省のドイツ権益を継承することや，旅順・大連の租借期間の延長などを要求した。　　　　　　　　　　　　　　　　　　　　　　〔　　　〕

2 【第一次世界大戦の終わり】
右の資料を見て，次の問いに答えなさい。

資料

・公海航行の自由
・A民族自決の原則
・平等な通商条件
・軍備縮小
・B国際平和機関の設立

(1) 資料は，1919年の（　①　）講和会議において，アメリカ大統領の（　②　）が提唱した原則の一部を示している。①・②に当てはまる語句をそれぞれ答えよ。
　　　　　　　①〔　　　　　〕 ②〔　　　　　〕

ミス注意(2) 資料中の下線部Aの原則に影響され，民族の独立を目指す運動が高まった。第一次世界大戦後に多くの民族が独立を果たした地域を，次のア〜エから1つ選び，記号で答えよ。　　　　　　　　　　　　　　　　　　　　　　　　　　　　〔　　　〕
ア　南アジア　　イ　オセアニア　　ウ　中・南アフリカ　　エ　東ヨーロッパ

✓よくでる(3) 資料中の下線部Bに加盟しなかった国を，次のア〜エから1つ選び，記号で答えよ。
ア　イギリス　　イ　イタリア　　ウ　アメリカ　　エ　フランス　　〔　　　〕

3 【第一次世界大戦の終わり】
右の資料を見て，次の問いに答えなさい。

✓よくでる (1) 資料は，第一次世界大戦後，オーストリア
と並ぶ三国同盟の中心国と，連合国の間で結
ばれた条約の一部である。この条約を何とい
うか，答えよ。〔　　　　　　　〕

(2) 資料中の（　　）に共通して当てはまる国名
を答えよ。〔　　　　　　　〕

資料

・（　　　）は領土の一部とすべての植民地
を失う。
・（　　　）は徴兵制を廃止し，軍備を制限
される。
・（　　　）は巨額の賠償金を課せられる。

4 【民主主義の拡大とアジアの民族運動】
右の表を見て，次の問いに答えなさい。

✓よくでる (1) 表中のA・Bには，運動が起こった日付が
当てはまる。それぞれの日付を「一（月）・
一（日）」のような形で答えよ。

A〔　　　　　　　〕
B〔　　　　　　　〕

国	で　き　ご　と
朝鮮	（　A　）独立運動が起こる
中国	（　B　）運動が起こる
ドイツ	ワイマール憲法が制定される……C
ロシア	（　D　）社会主義共和国連邦が成立する

ミス注意 (2) 表中のCの憲法の特色を，次のア〜エから
1つ選び，記号で答えよ。〔　　　　　　　〕
ア 君主に強い権限を与えることとした。
イ 国民の自由と平等の権利を世界で初めて保障した。
ウ 男女普通選挙を認めた。
エ 信仰の自由を認めないこととした。

(3) 表中のロシアについて，Dに当てはまる語句は，労働者や兵士による代表者会議を
意味する。この語句を答えよ。〔　　　　　　　　　　〕

入試レベル問題に挑戦

5 【第一次世界大戦の始まり】【第一次世界大戦の終わり】
次の史料（すべて一部）を読んで，あとの問いに答えなさい。

ア 各国の海軍軍備を次のように制限する。
アメリカ52.5万t，フランス17.5万t…。

イ 太平洋方面において各国が所有する島や
領地に関する権利を，互いに尊重する。

ウ 中国の主権と独立，並びにその領土的・政
治的な安全を尊重する。

エ 中国は，ドイツが山東省にもっているす
べての権利を日本に譲ることを承認する。

(1) 二十一か条の要求にあたるものを，ア〜エから1つ選び，記号で答えよ。〔　　　〕
(2) (1)以外の3つの史料は，何という会議で結ばれた条約か。〔　　　　　　　〕

💡 ヒント
日本が示した二十一か条の要求に対し，中国は主権を侵すものとして強く反発した。第一次世界
大戦後，国際協調の動きが進む中，アメリカの呼びかけで軍縮会議が開催された。

社会運動と新しい文化

リンク
ニューコース参考書
中学歴史
p.206〜211

攻略のコツ 民主主義が高まった大正時代に起こった新しい政治と文化の動きを押さえよう。

テストに出る! 重要ポイント

● 大正デモクラシーと政党内閣

❶ **第一次護憲運動**…立憲政治を守る運動→藩閥の内閣は退陣。

❷ **大正デモクラシー**…民主主義を求める風潮。**民本主義**。

❸ **大戦景気**…第一次世界大戦中の日本の好景気。財閥が成長。

❹ **米騒動**…1918年,シベリア出兵を見こして米が買い占められ,米価が急上昇→米の安売りを求める騒動が全国に広がる。

❺ **原敬**内閣…米騒動後に成立。本格的な**政党内閣**。

● 社会運動と普通選挙

❶ 社会運動…**労働争議**や**小作争議**が多発。全国水平社。平塚らいてうらが青鞜社・新婦人協会。北海道アイヌ協会。

❷ **普通選挙法**…1925年,満25歳以上の男子に選挙権を認める。同年,**治安維持法**を制定。

● 新しい文化

❶ 文化の大衆化…教育の普及を背景に大衆に向けた文化が発展。新聞・雑誌・書籍の普及。**ラジオ放送**の始まり(1925年)。

❷ 文学…志賀直哉,芥川龍之介。小林多喜二(プロレタリア文学)。

Step 1 基礎力チェック問題

解答 別冊p.19

1 次の〔　　〕に当てはまるものを選ぶか,当てはまる言葉を答えなさい。

□ (1) 1912年,〔　　　　　　〕運動が起こり,桂内閣を退陣させた。

□ (2) 大正時代に広まった民主主義を求める風潮を,〔　　　　　　〕という。

□ (3) 第一次世界大戦中の日本は,〔　　　　　　〕と呼ばれる好景気となり,急に金持ちになる成金が増え,財閥が成長した。

□ (4) 1918年,米の安売りを求める〔　　　　　　〕が起こった。

□ (5) (4)によって内閣が退陣すると,〔　吉野作造　原敬　〕による,初めての本格的な政党内閣が成立した。

□ (6) 農村では,小作料の減額などを求める〔　　　　　　〕が起こった。

□ (7) 〔　　　　　　〕は,市川房枝らとともに新婦人協会を設立した。

□ (8) 部落差別からの解放を求めて,〔　　　　　　〕が結成された。

□ (9) 1925年,納税額の制限を廃止した〔　　　　　　〕法が成立した。

得点アップアドバイス

1

✓確認 **大正時代の民主主義**
(2) 吉野作造は,デモクラシーという言葉を「民本主義」と訳した。

2 【大正デモクラシーと政党内閣】
次の問いに答えなさい。

(1) 第一次世界大戦中にめざましく発展し，成金が多く出現した日本の産業を，次のア～エから1つ選び，記号で答えよ。

ア 製糸　イ 造船　ウ 食品　エ 紡績（ぼうせき）　〔　　　〕

(2) 1918年に米騒動（こめそうどう）の発端（ほったん）となる騒ぎが起こった地域を，右の地図中のア～エから1つ選び，記号で答えよ。
〔　　　〕

(3) 米騒動の原因となった米の値上がりと最も関係の深いできごとを，次のア～エから1つ選び，記号で答えよ。

ア ロシア革命　イ ワシントン会議
ウ 日露戦争（にちろ）　エ 関東大震災（かんとうだいしんさい）　〔　　　〕

3 【大正デモクラシーと政党内閣】【社会運動と普通選挙】
次の問いに答えなさい。

(1) 右の表中のA～Cに当てはまる語句を，次のア～オから1つずつ選び，記号で答えよ。

ア 政党　イ 三民
ウ 藩閥（はんばつ）　エ 民本（みんぽん）
オ 普通（ふつう）

人物	行ったこと
吉野作造	（　A　）主義を唱えた。
原敬	本格的な（　B　）内閣をつくった。
加藤高明（かとうたかあき）	（　C　）選挙法を成立させた。

A〔　　　〕 B〔　　　〕 C〔　　　〕

(2) 次の①～③の組織に関係の深いことがらを，あとのア～オから1つずつ選び，記号で答えよ。

① 日本農民組合〔　　　〕　② 日本労働総同盟〔　　　〕
③ 青鞜社（せいとうしゃ）〔　　　〕

ア 女性解放運動　イ 部落解放運動　ウ 小作争議
エ 労働争議　オ 社会主義運動

4 【新しい文化】
次の問いに答えなさい。

(1) 右の写真は，何というマスメディアの放送が始まったころの様子か。
〔　　　　　〕

(2) 小林多喜二（こばやしたきじ）の『蟹工船（かにこうせん）』に代表される，労働者の生活や革命運動を描（えが）いた文学を何というか，答えよ。
〔　　　　　〕

(毎日新聞社提供)

1【大正デモクラシーと政党内閣】

右のグラフを見て，次の問いに答えなさい。

ミス注意 (1)　グラフ中で，日本の輸出額が輸入額を上回っていたのは，何年から何年までの間か，答えよ。

〔　　　　年から　　　　年まで〕

よくでる (2)　日本の輸出額が輸入額を上回っていた時期の様子を，次の**ア～オ**から２つ選び，記号で答えよ。

　　ア　財閥が成長した。
　　イ　八幡製鉄所が操業を始めた。
　　ウ　殖産興業の政策がかかげられた。
　　エ　重化学工業が急成長した。
　　オ　大阪紡績会社が設立された。

〔　　　〕〔　　　〕

思考 (3)　グラフ中の**A**の年，米の安売りを求める動きが全国に広がり，政府は軍隊まで出動させて鎮圧した。この動きを何というか，答えよ。また，このころ米の値段が急上昇した理由を，ロシアでのできごとと関連づけて簡単に説明せよ。

動き〔　　　　　　　　　　　　〕

理由〔　　　　　　　　　　　　　　　　　　　　　　　　　　　〕

日本の輸出・輸入額の変化

（億円）

（『貿易年表』などより作成）

2【大正デモクラシーと政党内閣】【社会運動と普通選挙】

右の年表を見て，次の問いに答えなさい。

(1)　年表中の**A**には，「憲政を守る」という意味の漢字２字が当てはまる。この語句を答えよ。

〔　　　　　　　〕

よくでる (2)　年表中の**B**～**D**に当てはまる人物名を，次の**ア～カ**から１つずつ選び，記号で答えよ。

　　ア　加藤高明　　イ　吉野作造
　　ウ　伊藤博文　　エ　田中正造
　　オ　原敬　　　　カ　陸奥宗光

B〔　　　〕C〔　　　〕D〔　　　〕

(3)　年表中の下線部①は，どの政党を中心に組織されたか，次の**ア～ウ**から１つ選び，記号で答えよ。

　　ア　立憲政友会　　イ　自由党　　ウ　立憲改進党

〔　　　〕

思考 (4)　年表中の②のとき，選挙権を与えられた人々を，年齢と性別の面から説明せよ。

〔　　　　　　　　　　　　　　　　　　　　　　　　　　　　　　　　　〕

年代	で き ご と
1912	（　**A**　）運動が起こる
1916	（　**B**　）が民本主義を唱える
1918	（　**C**　）が①政党内閣を組織する
1924	護憲派の（　**D**　）が内閣をつくる
1925	普通選挙法が成立する…………②

3 【社会運動と普通選挙】

大正時代の社会運動についてまとめた右の表を見て，次の問いに答えなさい。

✔よくでる (1) 表中の**A**に共通して当てはまる語句を
答えよ。 〔　　　　　　　　〕

ミス注意 (2) 表中の**B・C**に当てはまる組織名を，
次のア～オから1つずつ選び，記号で答
えよ。

ア　新婦人協会

イ　社会民主党

ウ　日本労働総同盟

エ　全国水平社　　オ　日本共産党　　　**B**〔　　　〕**C**〔　　　〕

運動	で　き　ご　と
労働者	・労働（　**A**　）が起こる。 ・メーデーが開かれる。
小作人	・小作（　**A**　）が起こる。 ・日本農民組合がつくられる。
被差別部落	・（　**B**　）がつくられる。
女性	・（　**C**　）が結成され，女性の参政 権を求める運動が広がる。……**D**

(3) 表中の**D**の運動を指導した人物を，次のア～エから2つ選び，記号で答えよ。

ア　市川房枝　　イ　津田梅子　　ウ　与謝野晶子　　エ　平塚らいてう

〔　　　〕〔　　　〕

✔よくでる (4) 共産主義などを取り締まるために1925年に制定され，のちに，対象が社会運動全体
へと拡大された法律を何というか。 〔　　　　　　　　〕

4 【新しい文化】

次の問いに答えなさい。

(1) 大正時代に登場したものとして当てはまらないものを，次のア～エから1つ選び，
記号で答えよ。

ア　乗合自動車(バス)　　イ　映画　　ウ　学生野球　　エ　人力車　　〔　　　〕

(2) 大正時代に活躍した文学者を，次のア～エから1つ選び，記号で答えよ。

ア　芥川龍之介　　イ　樋口一葉　　ウ　正岡子規　　エ　二葉亭四迷

〔　　　〕

入試レベル問題に挑戦

5 【大正デモクラシーと政党内閣】

右のグラフは，第一次世界大戦中の物価と労働者の賃金の変
化を，1914年を100としたときの比で示している。この時期，
賃金が上昇しても人々の生活は苦しくなった。その理由を簡
単に説明しなさい。

[　　　　　　　　　　　　　　]

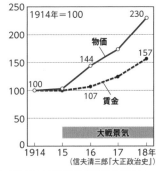
（信夫清三郎『大正政治史』）

💡 **ヒント**

物価とは，食料や日用品など生活するために必要なものの値段を平均したもの。グラフで，賃金
より物価の方が上昇していることに着目する。

世界恐慌と日本の中国侵略

リンク
ニューコース参考書
中学歴史
p.216〜223

攻略のコツ 恐慌に対する各国の対策と，日本が中国へ進出していった目的を理解しよう。

テストに出る！ **重要ポイント**

● **世界恐慌**

❶ **世界恐慌**…1929 年，アメリカの株価暴落から始まった不景気。

❷ アメリカ…ローズベルト大統領が**ニューディール政策**。
（ルーズベルト）

❸ イギリス・フランス…**ブロック経済**。

❹ イタリア・ドイツ…**ファシズム**が台頭。

❺ ソ連…五か年計画を進め，恐慌の影響を受けず。

● **日本の中国侵略
と軍部の台頭**

❶ 日本の不景気…関東大震災（1923 年）後の混乱で金融恐慌
（1927 年）→世界恐慌の影響で昭和恐慌（1930 年）。

❷ **満州事変**…南満州鉄道の線路を爆破（1931 年）→翌年，満州
国建国。国際連盟は認めず→日本は国際連盟脱退（1933 年）。

❸ 軍部の台頭…1932 年に**五・一五事件**（犬養毅首相暗殺）
→ 1936 年に**二・二六事件**（東京の中心部を占拠）。

● **日中戦争**

❶ **日中戦争**（1937 年）…長期化し，**国家総動員法**（1938 年）。

❷ 中国の動き…中国国民党（蔣介石）と中国共産党（毛沢東）の内
戦→抗日民族統一戦線を結成して日本に抵抗。

Step 1) 基礎力チェック問題

解答 ▶ 別冊 p.20

1 次の〔 〕に当てはまるものを選ぶか，当てはまる言葉を答え
なさい。

☑(1) ニューヨークでの株価の大暴落をきっかけに，〔 　　　　　 〕と
呼ばれる世界的な経済危機が広まった。

☑(2) 恐慌対策として，アメリカは〔 　　　　　 〕政策を実行した。

☑(3) イギリスやフランスは〔 　　　　　 〕経済の政策をとった。

☑(4) 植民地が少ないイタリアやドイツなどでは，民主主義を否定する独
裁的な政治体制の〔 　　　　　 〕が台頭した。

☑(5) 1931 年，関東軍が〔 　　　　　 〕事変を引き起こした。

☑(6) 1932 年に〔 　　　　　 〕事件により犬養毅首相が暗殺された。

☑(7) 1936 年，一部の青年将校が〔 　　　　　 〕事件を起こした。

☑(8) 1937 年，日本と中国の間で〔 　　　　　 〕戦争が始まった。

☑(9) 1938 年に〔 　　　　　 〕が制定され，戦時体制が強化された。

得点アップアドバイス

1 ‥‥‥‥‥‥‥

注意 **国家主義的な
動き**

(4) イタリアではムッソ
リーニが，ドイツではヒ
トラーが，政権を握った。

確認 **戦時体制下の
法律**

(9) 国民や物資を優先し
て戦争にまわすことがで
きるようになった。

【世界恐慌】

2 右の地図を見て，次の問いに答えなさい。

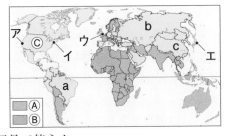

☑ (1) 世界恐慌のきっかけとなる株価の大暴落が起こった都市を，地図中の**ア～エ**から１つ選び，記号で答えよ。〔　　　〕

☑ (2) 地図中の**Ⓐ**・**Ⓑ**の地域でブロック経済圏をつくった国を，次の**ア～エ**から１つずつ選び，記号で答えよ。

　　ア イギリス　**イ** ドイツ　**ウ** オランダ　**エ** フランス
　　　　　　　　　　　　　　　　　Ⓐ〔　　　〕 Ⓑ〔　　　〕

☑ (3) 地図中の**Ⓒ**の国でニューディール政策を実施した大統領の名を答えよ。〔　　　　　　　〕

☑ (4) 地図中の**a～c**のうち，独自の経済政策をとっていたため世界恐慌の影響を受けなかった国を１つ選び，記号で答えよ。〔　　　〕

【日本の中国侵略と軍部の台頭】

3 右の地図を見て，次の問いに答えなさい。

☑ (1) 1931年，関東軍は鉄道爆破事件をきっかけに地図中の**A**の地域を占領した。この**A**の地域を何というか，答えよ。
　　　　　　　　　　　　　　　〔　　　　　　　〕

☑ (2) 地図中の**A**の地域を調査し，日本の撤兵を決議した国際組織を何というか，答えよ。〔　　　　　　　〕

☑ (3) 軍人などの間で，強力な軍事政権によって国家をつくり直そうという動きが活発になる中，地図中**B**の都市で起こった五・一五事件で暗殺された首相は誰か。〔　　　　　　　〕

【日中戦争】

4 次の問いに答えなさい。

☑ (1) 1937年，日本は何という国との間で戦争を始めたか，答えよ。
　　　　　　　　　〔　　　　　　　〕

☑ (2) 右の法律は，1938年に定められた（　　）法である。（　　）に共通して当てはまる語句を答えよ。
　　　　　　　　　〔　　　　　　　〕

この法律において（　）とは，戦争時に際して，国防目的の達成のため国の全力を最も有効に発揮できるよう人的・物的資源を統制し運用することをいう。

得点アップアドバイス

2

✔確認 **アメリカの地位**

(1) 第一次世界大戦後，アメリカは世界経済の中心に成長していた。

ヒント **主なブロック経済圏**

(2) イギリスの植民地…インド・オーストラリアなど。フランスの植民地…アフリカ北西部など。

3

✔確認 **中国東北部への進出**

(1) 日本から，多くの農民が満州で集団で移住し，開拓に参加した。

注意 **軍国主義の台頭**

(3) この事件のあと，政党政治が終わり，軍人や官僚による内閣が組織されていった。

4

暗記術 **1937 いくさ長引く日中戦争**

1937年　日中戦争が始まる。

5章／二度の世界大戦と日本

3 世界恐慌と日本の中国侵略

1 【世界恐慌】

右のグラフを見て，次の問いに答えなさい。

(1) 世界恐慌が始まった年を，グラフ中の**ア～エ**から1つ選び，記号で答えよ。　〔　　　〕

ミス注意 (2) 右のグラフは，何の割合を表しているか。次の**ア～エ**から1つ選び，記号で答えよ。

　　ア　失業率　　　　　　**イ**　鉱工業生産指数

　　ウ　有権者割合　　　　**エ**　経済成長率

　　　　　　　　　　　　　　　　　　　　　　〔　　　〕

よくでる (3) 次の①～③の政策を進めた国を，グラフ中から1つずつ選び，国名を答えよ。また，①～③のうち，ブロック経済と呼ばれる政策を1つ選び，番号で答えよ。

　① 植民地との貿易を拡大し，外国商品に対する関税を高めた。

　② 制限されていた軍備を増強し，道路網を建設して経済の復興をはかった。

　③ 労働者や農民の生活や権利を保障するとともに，大規模な公共事業を行った。

　　　①〔　　　　　〕　②〔　　　　　〕　③〔　　　　　〕

　　　　　　　　　　　　　　　　　　ブロック経済〔　　　〕

(4) 社会主義国であるソ連は，世界恐慌の影響を受けなかった。このころソ連を指導していた人物を，次の**ア～エ**から1つ選び，記号で答えよ。

　　ア　ローズベルト（ルーズベルト）　　　**イ**　レーニン

　　ウ　ウィルソン　　　**エ**　スターリン　　　　　　　　　　　〔　　　〕

2 【日本の中国侵略と軍部の台頭】

右の年表を見て，次の問いに答えなさい。

(1) 年表中の**A**に当てはまる人物名を，次の**ア～エ**から1つ選び，記号で答えよ。

　　ア　毛沢東（マオツォトン）　　**イ**　孫文（スンウェン）

　　ウ　袁世凱（ユアンシーカイ）　　**エ**　蔣介石（チャンチェシー）

　　　　　　　　　　　　　　　　〔　　　〕

年代	で　き　ご　と
1927	（　**A**　）が南京に国民政府をつくる
1930	（　**B**　）海軍軍縮条約が結ばれる
1931	満州事変が起こる‥‥‥‥‥‥‥**C**
1933	日本が国際連盟を脱退する‥‥‥‥**D**

(2) 年表中の**B**に当てはまる欧米の都市名を答えよ。　　　　　〔　　　　　〕

(3) 年表中の**C**について，満州はどの地域にあたるか。次の**ア～ウ**から1つ選び，記号で答えよ。

　　ア　中国の東北部　　　**イ**　中国の中央部　　　**ウ**　中国の南部　　　〔　　　〕

よくでる (4) 年表中の**D**について，同じころ国際連盟から脱退した国を，次の**ア～エ**から1つ選び，記号で答えよ。

　　ア　フランス　　**イ**　イギリス　　**ウ**　ドイツ　　**エ**　アメリカ　　　〔　　　〕

3 【日本の中国侵略と軍部の台頭】

右の年表を見て，次の問いに答えなさい。

(1) 年表中の**A・B**の事件の内容を，次の**ア〜エ**から1つずつ選び，記号で答えよ。

年代	で き ご と
1932	五・一五事件が起こる……A
1936	二・二六事件が起こる……B

　ア 陸軍の青年将校が，首相官邸や警視庁などを襲撃した。

　イ 満州の軍閥を列車ごと爆殺した。

　ウ 関東軍が柳条湖で鉄道の線路を爆破した。

　エ 海軍青年将校などが，犬養毅を暗殺した。　　　　　A〔　　　〕 B〔　　　〕

ミス注意 (2) 年表中の**A**の事件で終わったものを，次の**ア〜エ**から1つ選び，記号で答えよ。

　ア 藩閥政治　　**イ** 立憲政治　　**ウ** 政党政治　　**エ** 軍国主義　　　　〔　　　〕

4 【日中戦争】

次の文を読んで，あとの問いに答えなさい。

> 1937年，北京郊外の盧溝橋で起こった武力衝突により，（　**A**　）戦争が始まった。戦火は南へ拡大し，日本軍は首都（　**B**　）を占領した。中国では，国民党と_C共産党の内戦が続いていたが，協力して日本に対抗するための戦線が結成された。戦争が長引くと，日本では_D国家総動員法が制定された。

(1) 文中の**A・B**に当てはまる語句をそれぞれ答えよ。

　　　　　　　　　　　　　　　　　　　A〔　　　　　〕 B〔　　　　　〕

(2) 文中の下線部**C**の指導者は誰か，答えよ。　　　　　〔　　　　　〕

思考 (3) 文中の下線部**D**で定められた内容を，「議会」という語句を用いて，簡単に説明せよ。

　〔　　　　　　　　　　　　　　　　　　　　　　　　　　　　　　　〕

入試レベル問題に挑戦

5 【日本の中国侵略と軍部の台頭】

満州事変を調査したリットン調査団の報告をもとに，国際連盟は以下の内容を可決した。

「<u>満州国は独立国とは認められず，日本軍に占領地からの撤兵を勧告する。</u>」下線部のように判断された理由として考えられることを，右の図を見て簡単に答えなさい。

満州国の組織図

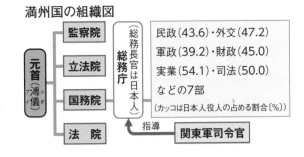

ヒント

満州国の元首である溥儀は，中華民国の成立によって退位させられた清の皇帝である。政府の要職に占める日本人の割合に注目する。

第二次世界大戦と日本

リンク
ニューコース参考書
中学歴史
p.222〜233

攻略のコツ　主要国を連合国と枢軸国に分けたうえで，戦局の変化を年代を追ってとらえよう。

テストに出る！ 重要ポイント

● 第二次世界大戦
の始まり

❶ **第二次世界大戦**の始まり…1939 年，独ソ不可侵条約を結び，ドイツがポーランドへ侵攻→イギリス・フランスが宣戦→ファシズムの枢軸国と反ファシズムの連合国との戦い。

❷ **太平洋戦争**の始まり…1940 年，**日独伊三国同盟**→翌年，日ソ中立条約→連合国は ABCD 包囲陣→日本はハワイの真珠湾の米軍基地を攻撃。

● 戦時下の暮らし

❶ 戦時体制…政党が解散し**大政翼賛会**に合流。米などは**配給**制に。勤労動員や学徒出陣，小学生は**集団疎開**。

❷ 占領地の支配…**皇民化政策**。徴兵の実施，労働を強制。

● 戦争の終わり

❶ 日本の戦局の悪化…ミッドウェー海戦で敗れ，長期戦へ。

❷ ヨーロッパ…イタリア（1943 年）・ドイツ（1945 年）が降伏。

❸ 日本の降伏（1945 年）…3 月，沖縄戦→8 月，広島・長崎に**原子爆弾**投下。ソ連参戦→**ポツダム宣言**を受け入れ，降伏。

Step 1　基礎力チェック問題

解答　別冊 p.20

1　次の〔　　〕に当てはまるものを選ぶか，当てはまる言葉を答えなさい。

得点アップアドバイス

1

☑ (1)　1939 年，ポーランドに侵攻した〔　　　　　　　〕に対して，イギリス・フランスが宣戦布告し，第二次世界大戦が始まった。

☑ (2)　1941 年，日本軍によるハワイの真珠湾にあるアメリカ軍基地への奇襲などで，〔　　　　　　　〕戦争が始まった。

☑ (3)　日本では，ほとんどの政党や政治団体が解散し，〔　　　　　　　〕が結成された。

☑ (4)　空襲が激しくなると，大都市の小学生は父母のもとを離れて，〔　学徒出陣　集団疎開　〕した。

☑ (5)　枢軸国のうち，1943 年には〔　　　　　　　〕が降伏した。

☑ (6)　1945 年 8 月，広島と〔　　　　　　　〕に原子爆弾が投下された。

☑ (7)　1945 年 8 月 14 日，日本は〔　　　　　　　〕宣言を受け入れて降伏することを決め，翌日，昭和天皇がラジオ放送で国民に知らせた。

注意　**戦争末期の
会談・宣言**

(7)　1945 年 7 月に，連合国は，日本の無条件降伏を促す共同宣言を出したが，このとき日本は，この宣言を黙殺した。

2 【第二次世界大戦の始まり】
右の年表を見て，次の問いに答えなさい。

☑ (1) 年表中の**ア～エ**のうち，第二次世界大戦の直接のきっかけとなったできごとはどれか，1つ選び，記号で答えよ。　〔　　　〕

年代	で き ご と
1935	**ア** イタリアがエチオピアを侵略する
1939	**イ** ドイツがポーランドに侵攻する
1940	**ウ** ドイツがパリを占領する
1941	**エ** ドイツとソ連が開戦する

☑ (2) 連合国に対抗したイタリアやドイツなどのファシズム諸国を何と呼んだか，漢字3字で答えよ。　　　　　　　　　　〔　　　　　〕

☑ (3) 年表中の**ア～エ**のうち，太平洋戦争が始まったのと同じ年のできごとはどれか，1つ選び，記号で答えよ。　　　　　〔　　　　　〕

☑ (4) 太平洋戦争のきっかけの1つとなった空襲が行われた地域を，次の**ア～エ**から1つ選び，記号で答えよ。
　　ア ペルシア湾　　**イ** メキシコ湾
　　ウ ベンガル湾　　**エ** 真珠湾　　　　　　　　〔　　　　　〕

3 【戦時下の暮らし】
次の文を読んで，あとの問いに答えなさい。

> 　戦争が長引き，生活物資が不足すると<u>配給制</u>が始まった。日本は，すべての国力を投入する総力戦として太平洋戦争を戦った。やがて，それまで徴兵を猶予されていた大学生が軍隊に召集される（　**A**　）出陣が行われた。労働力の不足を補うため，中学生・女学生らが（　**B**　）動員の対象となり，軍需工場などで働かされた。戦争末期には，植民地の（　**C**　）や台湾でも徴兵制が導入された。

☑ (1) 文中の下線部について，1941年からは日本人の食事の中心であった食物が配給制となった。この食物は何か，答えよ。
　　　　　　　　　　　　　　　　　　　　　　　　　　　〔　　　　　　　〕

☑ (2) 文中の**A～C**に当てはまる語句をそれぞれ答えよ。
　　　　　　　　　　A〔　　　　　　　〕　B〔　　　　　　　〕
　　　　　　　　　　C〔　　　　　　　〕

4 【戦争の終わり】
次の**ア～ウ**のできごとを，それぞれ年代の古い順に並べなさい。

☑ (1) **ア** ドイツの降伏　　**イ** ミッドウェー海戦
　　ウ イタリアの降伏　　　　　　〔　　　→　　　→　　　〕

☑ (2) **ア** 沖縄の地上戦　　**イ** ポツダム宣言の受諾
　　ウ 広島への原子爆弾投下　　〔　　　→　　　→　　　〕

得点アップアドバイス

2
ヒント　第二次世界大戦前の国際情勢
(1) イギリスとフランスは，ポーランドと条約を結んでいた。

暗記術　いくさ苦しい第二次世界大戦
1939年　第二次世界大戦が始まる。

3

4
確認　連合国の反撃
(1) ミッドウェー海戦での日本軍の敗北が，戦局の大きな転換点となった。
暗記術　武装解く喜び大戦終結
1945年　日本が無条件降伏する。

1 【第二次世界大戦の始まり】
右の地図を見て，次の問いに答えなさい。

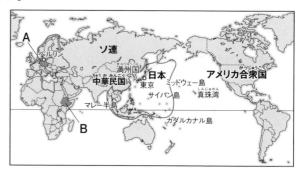

(1) 地図中の**A**の国がポーランド
に侵攻したとき，**A**の国に宣戦
した国の名を2つ答えよ。

〔　　　　　　　　〕

〔　　　　　　　　〕

(2) 地図中の**A**の国は，ある国と
の不可侵条約を破って1941年に
その国へ侵攻した。侵攻された
国の名を，地図中から1つ選べ。

〔　　　　　　　　〕

(3) 地図中の**A**の国の政権は，支配下に置いたヨーロッパ各地である民族を迫害した。
この民族を，次の**ア～エ**から1つ選び，記号で答えよ。

ア バスク人　　**イ** ユダヤ人
ウ クルド人　　**エ** パレスチナ人 〔　　　　　〕

(4) 地図中の**A**の国と同様の独裁政治が行われていたヨーロッパのある国は，1935年に
Bの国を侵略した。このヨーロッパの国の名を答えよ。 〔　　　　　　　　〕

✓よくでる (5) 太平洋戦争が始まるきっかけとなった戦闘が行われた地域を，地図中から2つ選び，
地名を答えよ。 〔　　　　　　〕〔　　　　　　〕

2 【戦時下の暮らし】
次の問いに答えなさい。

ミス注意 (1) 日本の戦時体制について，右の表中の
①～④に当てはまる政策名を，次の**ア～
オ**から1つずつ選び，記号で答えよ。

ア 学徒出陣　　**イ** 勤労動員
ウ 創氏改名　　**エ** 集団疎開
オ 忠君愛国

①〔　　　〕 ②〔　　　〕

③〔　　　〕 ④〔　　　〕

政策	内容
（　①　）	工場や鉱山で労働力が不足したため，中学生や女学生も働かされた。
（　②　）	大学生の徴兵の猶予が取り消され，出征していった。
（　③　）	空襲が激しくなると，都市の子どもたちを比較的空襲を受けにくい農山村地域へ移した。
（　④　）	朝鮮の人々に日本式の姓名を名のらせた。

✓よくでる (2) 次の文中の**A・B**に当てはまる語句を，
あとの**ア～エ**から1つずつ選び，記号で
答えよ。

　1940年には，政党や政治団体が自ら解散して（　**A**　）にまとめられた。また，住民
どうしが互いに監視し合うための（　**B**　）がつくられた。
ア 国会期成同盟　　**イ** 隣組　　**ウ** 寄合　　**エ** 大政翼賛会

A〔　　　〕 **B**〔　　　〕

③ 【戦争の終わり】

右の年表を見て，次の問いに答えなさい。

年代	で き ご と
1941	太平洋戦争が始まる
1942	（　A　）海戦に敗れる
1943	（　B　）が降伏する
1944	日本への空襲が始まる………C
1945	（　D　）で戦闘が行われる
	原子爆弾が投下される………E
	ポツダム宣言を受け入れる…F

(1) 年表中のAの海戦で日本が敗れたことによって，連合国軍は反撃に転じた。Aに当てはまる語句を答えよ。　〔　　　　　　〕

(2) 年表中のBは，日本と同盟を結んでいた国である。Bの国を指導していた人物を，次のア～エから1つ選び，記号で答えよ。

ア　ムッソリーニ　　イ　チャーチル
ウ　蔣介石　　　　　エ　ヒトラー　〔　　　〕

(3) 年表中のCについて，1945年3月にアメリカ軍の爆撃機により空襲を受け，一夜で約10万人が犠牲になった都市名を答えよ。　〔　　　　　　〕

✓よくでる (4) 年表中のDは，アメリカ軍が上陸し，民間人を巻き込む戦闘が行われた地域である。Dに当てはまる語句を答えよ。　〔　　　　　　〕

ミス注意 (5) 年表中のEについて，次のア～エのうち，原子爆弾が投下された都市を2つ選び，原子爆弾が投下された順に並べよ。

ア　京都　　イ　長崎　　ウ　広島　　エ　大阪　〔　　　→　　　〕

思考 (6) 年表中のFについて，この宣言は日本に何を求めていたか。簡単に答えよ。
〔　　　　　　　　　　　　　　　　　　　　　　　　　　〕

入試レベル問題に挑戦

④ 【第二次世界大戦の始まり】【戦争の終わり】

右の図は，第二次世界大戦における9か国間の同盟・協力関係を線で示したものである。これを見て，次の問いに答えなさい。

(1) 日本とA・Bの国々は枢軸国と呼ばれた。それ以外のC～Gの国々は何と呼ばれたか。
〔　　　　　　〕

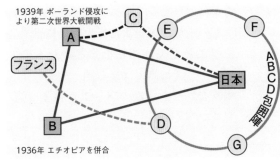

(2) 日本は1937年からすでにEの国と戦争状態にあり，1941年にはD・Fが大西洋憲章を発表した。Gの国名を答えよ。
〔　　　　　　〕

(3) AとCの間の外交関係，Cと日本の間の外交関係は，1939年以降似た経過をたどった。その類似点を，「侵略」「戦闘」の語句を用いて簡単に説明せよ。
〔　　　　　　　　　　　　　　　　　　　　　　　〕

💡 ヒント

ＡＢＣＤ包囲陣は，アメリカ・イギリス・中国・オランダの頭文字。また，このころ日本は，ヨーロッパの2か国と軍事同盟を結んでいた。Cは日本が中立条約を結んだ国。

定期テスト予想問題 ⑤

時間 50分
解答 別冊p.21

得点 /100

1 右の図を見て，次の問いに答えなさい。

【2点×9】

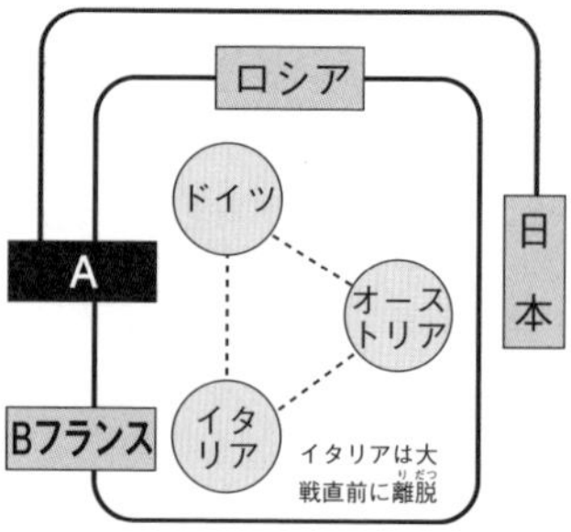

(1) 右の図は，第一次世界大戦前の国際関係であり，——
や………は同盟を結んでいた関係を示している。図中の
Aの国を，次の**ア**〜**エ**から1つ選び，記号で答えよ。
ア ポルトガル　　**イ** オランダ
ウ スペイン　　　**エ** イギリス

(2) 図中の**A**の国・フランス・ロシアの間の結びつきを何と
いうか，漢字4字で答えよ。

(3) 図中のドイツ・オーストリア・イタリアの間の結びつきを何というか，漢字4字で
答えよ。

(4) 第一次世界大戦のきっかけとなる事件が起こった地域を，次の**ア**〜**エ**から1つ選び，
記号で答えよ。
ア バルカン半島　　**イ** イタリア半島
ウ イベリア半島　　**エ** スカンディナビア半島

(5) 第一次世界大戦開戦後の日本の動きを，次の**ア**〜**エ**から1つ選び，記号で答えよ。
ア 参戦しなかった。　**イ** **A**国との同盟を理由に，**A**国側について参戦した。
ウ **A**国との同盟を破棄してドイツ側について参戦した。
エ 最初は**A**国側についたが，のちにドイツ側についた。

(6) 第一次世界大戦中に国内で革命が起こり，大戦を離脱した国を図中から1つ選び，
国名を答えよ。

(7) 第一次世界大戦が終わると，図中の**B**の国で講和会議が開かれ，ドイツとの講和条
約が結ばれた。この条約を何というか，答えよ。

(8) 右の表は，第一次世界大戦後に世界各地
で起こった民族運動をまとめたものであ
る。①〜③に当てはまる国・地域の正しい
組み合わせを，次の**ア**〜**エ**から1つ選び，
記号で答えよ。
ア ①—朝鮮　②—インド　③—中国
イ ①—中国　②—朝鮮　③—インド
ウ ①—インド　②—中国　③—朝鮮
エ ①—朝鮮　②—中国　③—インド

(9) 第一次世界大戦後に設立された，世界平
和と国際協調のための機関を何というか，答えよ。

国・地域	動き
（ ① ）	日本からの独立運動が起こり，日本は武力で鎮圧した。
（ ② ）	日本が出した二十一か条の要求の取り消しが，パリ講和条約で退けられたことで，北京で起こった抗議行動が国内に広がった。
（ ③ ）	第一次世界大戦後に自治を認めるという**A**国の約束が破られたため，ガンディーによる非暴力・不服従の抵抗運動が展開された。

右の図：
ロシア／ドイツ／オーストリア／イタリア／日本／**A**／**B**フランス
イタリアは大戦直前に離脱

(1)		(2)		(3)		(4)		(5)	
(6)				(7)			(8)	(9)	

2 右の資料を見て，次の問いに答えなさい。 【(5)③ 10点，他2点×9】

(1) **資料1**は，第一次世界大戦中の日本の輸出額・輸入額の変化を示している。輸出額は**a・b**のどちらか。

(2) 第一次世界大戦中の好景気で大きな利益を上げた三井・三菱・住友・安田などの大資本家を何というか。

資料1

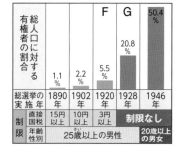

(3) **資料1**中の**A**のころから起こった護憲運動とは，どのような運動か。次の**ア～エ**から1つ選び，記号で答えよ。

　ア 国会の開設を求めた。

　イ 憲法に基づく議会中心の政治を守ることを求めた。

　ウ 国民の政治参加の道を開くよう求めた。　**エ** 小作料の引き下げを要求した。

(4) **資料1**中の**B**の年，民本主義を唱え，政党政治を主張した学者の名前を答えよ。

(5) **資料1**中の**C**の年について，次の問いに答えよ。

　① ある国で起こった革命に干渉するため，**C**の年に日本が出兵した地域を，次の**ア～エ**から1つ選び，記号で答えよ。

　　ア インド　**イ** 台湾　**ウ** シベリア　**エ** アラスカ

　② **C**の年に富山県から全国に広まった騒動は何を要求したか，次の**ア～エ**から1つ選び，記号で答えよ。

　　ア 米の安売り　**イ** 普通選挙　**ウ** 年貢の引き下げ　**エ** 信仰の自由

　③ ②の騒動後，内閣は総辞職し，代わって原敬を首相とする本格的な政党内閣が成立した。この内閣はどのような点で「本格的な政党内閣」と呼ばれたのか，簡単に説明せよ。

(6) **資料1**中の**D**の年に全国水平社を結成したのは，どのような人々か。次の**ア～エ**から1つ選び，記号で答えよ。

　ア 女性　**イ** 小作人　**ウ** 社会主義者　**エ** 被差別部落の人々

(7) **資料2**は，有権者割合の変化を示している。大正時代に有権者の割合が増えた理由を，次の**ア～エ**から1つ選び，記号で答えよ。

　ア 性別の制限が撤廃された。

　イ 納税額の制限が撤廃された。

　ウ 選挙権の年齢が引き下げられた。

　エ 選挙権の年齢が引き上げられた。

資料2

				F	G	50.4%
有権者の総人口に対する割合					20.8%	
		1.1%	2.2%	5.5%		
総選挙の実施年	1890年	1902年	1920年	1928年	1946年	
制限	直接国税	15円以上	10円以上	3円以上	制限なし	
	年齢性別		25歳以上の男性		20歳以上の男女	

(8) **資料2**中の**F**から**G**までの間に制定された，共産主義などを取り締まるための法律を何というか，答えよ。

(1)		(2)			(3)		(4)			(5)①	
②		③									
(6)		(7)		(8)							

3 右の年表を見て，次の問いに答えなさい。

【(1)②7点，他2点×10】

(1) 年表中の**A**について，次の問いに答えよ。
① **A**のきっかけとなった株価の暴落は，どこの都市で起こったか。次の**ア**〜**エ**から1つ選び，記号で答えよ。
　　ア パリ　　**イ** ロンドン
　　ウ 東京　　**エ** ニューヨーク
② **A**の対策として，イギリスやフランスはブロック経済政策を行った。これはどのような政策か。「植民地」「関税」という語句を用いて，簡単に説明せよ。

(2) 年表中の**B**について，次の問いに答えよ。
① 満州の位置を，右の地図中の**ア**〜**エ**から1つ選び，記号で答えよ。
② **B**の結果，翌年に起こったできごとを，次の**ア**〜**エ**から1つ選び，記号で答えよ。
　　ア 清の最後の皇帝溥儀を元首とする満州国が建国された。
　　イ 日本は満州から撤退した。
　　ウ 満州をめぐってソ連と戦争が起こった。
　　エ 中国で義和団事件が起こった。

年代	で き ご と
1927	蔣介石が南京に国民政府をつくる
	↕ **ア**
1929	世界恐慌が始まる…………… **A**
	↕ **イ**
1931	満州事変が起こる…………… **B**
	↕ **ウ**
1933	ニューディール政策が始まる…**C**
	↕ **エ**
1936	二・二六事件が起こる………**D**
	↕ **オ**
1938	（ **E** ）が定められる

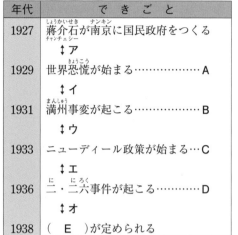

(3) 年表中の**C**について，次の①・②に当てはまる人物名を，あとの**ア**〜**エ**から1つずつ選び，記号で答えよ。
① 年表中の**C**を行ったアメリカ大統領　② 同じ年にドイツで政権を握った人物
　　ア ヒトラー　　**イ** ウィルソン
　　ウ ローズベルト（ルーズベルト）　　**エ** ムッソリーニ

(4) 年表中の**D**の事件の結果，政治的発言力を強めたものを，次の**ア**〜**エ**から1つ選び，記号で答えよ。
　　ア 政党　　**イ** 藩閥　　**ウ** 労働者　　**エ** 軍部

(5) 年表中の**E**に当てはまる法律名を答えよ。

(6) 次の①〜③のできごとが起こった時期を，年表中の**ア**〜**オ**から1つずつ選び，記号で答えよ。
① 五・一五事件が起こり，犬養毅首相が暗殺された。
② 日中戦争が始まった。　③ ロンドン海軍軍縮会議が行われた。

(1)	①		②					
(2)	①		②	(3)	①		②	(4)		(5)	
(6)	①		②		③				

4 次の文を読んで，あとの問いに答えなさい。

【(3)② 9点，他 2点×9】

日中戦争が起こると，内戦を続けていた国民政府と _a中国共産党は抗日民族統一戦線を結成し，アメリカ・イギリスなどの援助（えんじょ）を受けて日本に抗戦（こうせん）した。日本では _b戦時体制が強められ，1940 年には政党や政治団体が解散して（　①　）という組織にまとめられた。中学校などでは軍事教練が行われ，食料や日用品は配給制となっていった。また，_c植民地では日本式の姓名（せいめい）に変えさせる創氏改名を強制するなど，日本人に同化させる（　②　）が行われた。

1941 年，日本軍は，イギリス領と _dアメリカ軍基地を攻撃（こうげき）し，　e　戦争が始まった。しかし，翌年のミッドウェー海戦で敗北すると連合国軍の本格的な反撃（はんげき）が始まり，1943 年には日本の同盟国である（　③　），1945 年にはドイツが降伏（こうふく）し，ヨーロッパでの戦争は終わった。ドイツで会談した連合国の主要国は日本の降伏条件を（　④　）宣言に示したが，日本がこれを無視したため，アメリカ軍による原子爆弾（ばくだん）の投下と _fソ連の侵攻（しんこう）が行われ，日本はついに無条件降伏を決意した。

(1) ①〜④に当てはまる語句をそれぞれ答えよ。

(2) 下線部 a の指導者を，次のア〜エから 1 つ選び，記号で答えよ。
　　ア　蔣介石　　イ　孫文（スンウェン）　　ウ　毛沢東（マオツォトン）　　エ　袁世凱（ユアンシーカイ）

(3) 下線部 b について，次の問いに答えよ。
　① 地域住民の日常生活に統制と監視（かんし）を加えるため，町内会などの下につくられた組織を何というか。
　② 1944 年からは都市で小学生の集団疎開（そかい）が始まった。その目的を，簡単に説明せよ。

(4) 下線部 c に当てはまる地域を，次のア〜エから 1 つ選び，記号で答えよ。
　　ア　朝鮮（ちょうせん）　　イ　フィリピン　　ウ　マレーシア　　エ　シンガポール

(5) 下線部 d があった湾名（わんめい）と，e に当てはまる大洋を右の地図中のあ〜うから選んだものの，正しい組み合わせを，次のア〜エから 1 つ選び，記号で答えよ。
　　ア　d—真珠湾（しんじゅわん）　e—あ
　　イ　d—ペルシア湾　e—い
　　ウ　d—真珠湾　e—い
　　エ　d—ペルシア湾　e—う

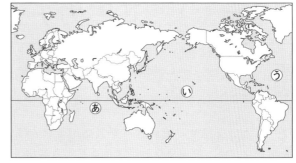

(6) 下線部 f が行われた主な地域を，次のア〜エから 1 つ選び，記号で答えよ。
　　ア　樺太（からふと）・満州　　イ　朝鮮・台湾（たいわん）　　ウ　北海道・東北　　エ　東北・関東

(1)	①		②		③		④	
(2)		(3) ①			②			
(4)		(5)		(6)				

1 戦後日本の発展と国際社会

🔗 リンク
ニューコース参考書
中学歴史
p.240～249

攻略のコツ GHQが進めた民主化の内容と，日本の国際社会への復帰の流れを押さえよう。

テストに出る！ 重要ポイント

◎ **敗戦後の日本**

❶ **連合国軍最高司令官総司令部（GHQ）** による改革…非軍事化と民主化。最高司令官は**マッカーサー**。**極東国際軍事裁判**。**財閥解体**，**農地改革**。選挙法の改正。**教育基本法**。

❷ **日本国憲法**の制定…国民主権・基本的人権の尊重・平和主義。

◎ **2つの世界の対立**

❶ **冷たい戦争（冷戦）** …アメリカとソ連の対立。
- ドイツ…東西に分断され**ベルリンの壁**が築かれる。
- 中国…1949年，**中華人民共和国**が成立。
- 朝鮮半島…南に韓国，北に北朝鮮→ 1950年，**朝鮮戦争**→日本で**特需景気**，警察予備隊設立→のちに**自衛隊**に。

❷ 新しい勢力…植民地支配から独立した国々による**アジア・アフリカ会議**→平和共存を訴え，緊張緩和を促す。

◎ **国際社会への復帰**

❶ 独立の回復…1951年，**サンフランシスコ平和条約**→翌年，独立回復。平和条約と同時に**日米安全保障条約**。

❷ 国連加盟…1956年，**日ソ共同宣言**→**国際連合**に加盟。

Step 1 基礎力チェック問題

解答 別冊p.22

1 次の〔　　〕に当てはまるものを選ぶか，当てはまる言葉を答えなさい。

✓(1) 日本政府はマッカーサーを最高司令官とする〔　　　　　〕の指令に従い，非軍事化と民主化を進める戦後改革を行った。

✓(2) 戦前の体制を経済的に支えた，〔　　　　　〕が解体された。

✓(3) アメリカとソ連を軸とする東西の対立を〔　　　　　〕という。

✓(4) 1949年に毛沢東を主席とする〔　　　　　〕が成立した。

✓(5) 1950年，北朝鮮が韓国に侵攻して〔　　　　　〕が始まった。

✓(6) 1950年，GHQの指令で設立された警察予備隊は，のちに保安隊となり，1954年に〔　　　　　〕となった。

✓(7) 1955年，インドネシアのバンドンで〔　　　　　〕が開かれた。

✓(8) 1956年，日ソ共同宣言の調印後に，日本の〔 国際連合　国際連盟 〕加盟が実現した。

得点アップアドバイス

1

🔄 **注意** 中国の変化

(4) 国民党は台湾へ逃れた。

2 【敗戦後の日本】
右の年表を見て，次の問いに答えなさい。

☑(1) 年表中の**A・C**に当てはまる
語句を，次の**ア～エ**から1つず
つ選び，記号で答えよ。
ア 財閥（ざいばつ）　イ 労働
ウ 独占（どくせん）　エ 農地

A〔　　　〕
C〔　　　〕

年代	で き ご と
1945	選挙法が改正される
	（　A　）組合法が制定される
1946	日本国憲法が公布される………B
	（　C　）改革が実施される
1947	教育基本法が制定される
	☐が改正される……………D
1948	極東国際軍事裁判が終わる

☑(2) 年表中の**B**について，国民主権のもと，天皇（てんのう）の地位はどのように規
定されたか，答えよ。〔　　　　　　　　　　　　　　〕

☑(3) 年表中の**D**について，この改正で男女平等の新しい家族制度が定め
られた。☐に当てはまる法律名を答えよ。〔　　　　　　　　　　〕

3 【2つの世界の対立】
次の文を読んで，あとの問いに答えなさい。

1949年，（　A　）は西ヨーロッパ諸国などと北大西洋条約機構
（NATO）をつくり，社会（共産）主義陣営（じんえい）に対抗（たいこう）した。1955年には，
（　B　）が東ヨーロッパ諸国とワルシャワ条約機構を結成した。両陣
営の激しい対立は「（　C　）」と呼ばれた。

☑(1) 文中の**A・B**に当てはまる国名，**C**に当てはまる語句を答えよ。
A〔　　　　〕 B〔　　　　〕 C〔　　　　〕

☑(2) 文中の下線部の陣営に当てはまる国を，次の**ア～ウ**から1つ選び，
記号で答えよ。
ア カナダ　イ タイ　ウ 中華人民共和国（ちゅうか）〔　　　　〕

4 【国際社会への復帰】
右の資料を見て，次の問いに答えなさい。

☑(1) 資料①は1951年に日本が結ん
だ条約，資料②は1956年に日本
が調印した宣言である。それぞ
れ何というか，答えよ。

①〔　　　　　　　〕
②〔　　　　　　　〕

① 連合国は，日本国及（およ）びその領水に
対する日本国民の完全な主権を承認
する。
② ソビエト連邦（れんぽう）は，国際連合への加
入に関する日本国の申請（しんせい）を支持する
ものとする。
（一部要約）

☑(2) 資料①と同時に結ばれたアメリカとの条約を何というか，答えよ。
〔　　　　　　　　　　　〕

得点アップアドバイス

2············

💡ヒント **GHQ による
民主化政策**
(1)C 農村の民主化を目
指した。

⚠注意 **主権者の
違い（ちが）**
(2)
大日本帝国憲法…天皇主
権。
日本国憲法…国民主権。

3············

💡ヒント **東西陣営の
中心国**
(1) Aは日本の占領政策
の中心（せんりょう）となった国，Bは
北方領土を不法に占領し
た国。

4············

🧠暗記術 **行くよ来いよと
講和の会議**
1951年 サンフランシ
スコ平和条約が結ばれ
る。

✓確認 **日本が
結んだ条約**
(1) 条文中の「領水」は，
領海のこと。①は「主権
を承認」，②は「国際連
合への加入を支持」とい
う内容に注目する。

6章／現代の日本と私たち

1 戦後日本の発展と国際社会

実力完成問題　　　解答　別冊p.23

1 【敗戦後の日本】

右の表を見て，次の問いに答えなさい。

(1) 表のような改革を指令した連合国軍最高司令官総司令部（GHQ）の中心国を，次の**ア～エ**から1つ選び，記号で答えよ。

ア　インド　　イ　アメリカ

ウ　ソ連　　　エ　中国　　　〔　　　〕

思考 (2) 表中の下線部**A**によって，どのような人々に選挙権が与えられることになったか。簡単に説明せよ。

[　　　　　　　　　　　　　　　]

改革	内容
政治の改革	・**A**選挙法の改正 ・**B**日本国憲法
教育の改革	・（　**C**　）法 ・学校教育法
経済の改革	・農地改革 ・（　**D**　）解体 ・独占禁止法 ・労働組合法

✓よくでる (3) 表中の下線部**B**における3つの基本原理は，国民主権，基本的人権の尊重ともう1つは何か，答えよ。　　　　　　　　　　　　　　　　　　　〔　　　　　　　〕

(4) 表中の（　**C**　）法は，民主的な教育の基本を示した法律である。**C**に当てはまる語句を答えよ。　　　　　　　　　　　　　　　　　　　　　　　　〔　　　　　　　〕

✓よくでる (5) 表中の**D**は，日本の経済を支配し，軍国主義を支えてきたとして，解体を命じられた。**D**に当てはまる語句を答えよ。　　　　　　　　　　　　　　　　〔　　　　　　　〕

(6) 1945年10月，（　　　　）が廃止され，政治活動の自由が認められた。（　　　　）に当てはまる法律を，次の**ア～エ**から1つ選び，記号で答えよ。

ア　地方自治法　　イ　民法　　ウ　労働基準法　　エ　治安維持法

〔　　　　　〕

2 【2つの世界の対立】

右の地図を見て，次の問いに答えなさい。

(1) 国際連合の本部が置かれた都市を，地図中の**ア～エ**から1つ選び，記号で答えよ。

〔　　　　　〕

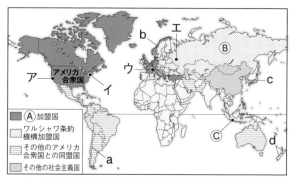

(2) アメリカと西ヨーロッパの国々が結成した地図中のⒶの機構を何というか。

〔　　　　　　　〕

(3) ワルシャワ条約機構の中心となった地図中のⒷの国を何というか。

〔　　　　　　　〕

(4) 東西の冷戦を背景に，１つの民族が南北に分断された地域がある。この地域を地図中のａ～ｄから１つ選び，記号で答えよ。 〔　　　　〕

(5) 反植民地主義・平和共存などをうたい，1955年に地図中の©で開かれた国際会議を何というか。 〔　　　　　　〕

3 【国際社会への復帰】
右の年表を見て，次の問いに答えなさい。

ミス注意 (1) 年表中のＡについて，連合国軍最高司令官総司令部が警察予備隊をつくらせた目的を，次のア～ウから１つ選び，記号で答えよ。

ア　ベトナムへ派兵するため。
イ　日本国内の治安を守るため。
ウ　徴兵制をつくるため。 〔　　　〕

年代	で　き　ご　と
1949	中華人民共和国が成立する……………ア
1950	警察予備隊がつくられる…………………Ａ
1951	サンフランシスコ平和条約が結ばれる……イ
1953	朝鮮戦争の休戦協定が結ばれる…………ウ
1954	（　Ｂ　）が創設される
1956	日ソ共同宣言が調印される………………エ

よくでる (2) 警察予備隊が発展して成立した，年表中のＢに当てはまる組織名を答えよ。
〔　　　　　　　　〕

(3) 次の①・②のできごとと最も関連の深いことがらを，年表中のア～エから１つずつ選び，記号で答えよ。 ①〔　　　〕 ②〔　　　〕
① 日本が国際連合に加盟する。　② 日米安全保障条約が結ばれる。

入試レベル問題に挑戦

4 【敗戦後の日本】
下の資料は，連合国軍最高司令官総司令部（GHQ）の指示で進められた民主化政策のうち，２つの政策の経過である。これらの政策の共通点を，「GHQ」という語句を用いて簡単に説明しなさい。

〈農地改革〉
1946年２月，日本政府は第一次農地改革を実施。
↓
GHQは，地主制を存続させる内容だとして非難。
↓
1946年10月より，GHQの勧告案に基づき，第二次農地改革を実施。

〈憲法の改正〉
日本政府が大日本帝国憲法の一部を修正した改正案を作成。
↓
GHQは，民主化が不徹底であると判断し，自ら草案をまとめる。
↓
日本政府はGHQの草案を受け入れて改正案を作成した。

💡**ヒント**
占領下では，GHQの指令に従い日本政府が政治を行った。日本政府が作成した憲法改正案は大日本帝国憲法とほぼ変わらない内容だった。

リンク
ニューコース参考書
中学歴史
p.248〜261

攻略のコツ 日本の経済成長の様子と，世界が多極化していく流れを理解しよう。

テストに出る！ **重要ポイント**

◉ **日本の外交と政治**

❶ 近隣諸国との外交…韓国と**日韓基本条約**（1965年）。中国と**日中共同声明**（1972年）→**日中平和友好条約**（1978年）。

❷ アメリカとの関係…1960年に**日米安全保障条約**を改定。1972年に**沖縄**が日本に復帰→**非核三原則**を国の方針に。

❸ 政治…**55年体制**が1993年に終わる。2009年に政権交代。

◉ **経済の成長**

❶ **高度経済成長**…1950年代半ばから経済が急成長→1973年の石油危機で安定成長へ→1991年には**バブル経済**が崩壊。

❷ 国民生活の変化…家庭電化製品の普及。**公害**問題の深刻化（四大公害裁判）。高速道路や新幹線が開通。

◉ **冷戦後の世界**

❶ 冷戦の終結…ベルリンの壁崩壊→米ソ首脳が**冷戦の終結**を宣言→東西ドイツ統一→ソ連解体。終結後，**地域紛争**が多発。

❷ 地域統合…EC（ヨーロッパ共同体）がEU（ヨーロッパ連合）に発展。アジア太平洋経済協力会議（APEC）が発足。

Step 1　基礎力チェック問題

解答 ▶ 別冊 p.23

1 次の〔　　〕に当てはまるものを選ぶか，当てはまる言葉を答えなさい。

☑ (1) 1965年，〔 中国　韓国 〕との国交が正常化された。

☑ (2) 1972年，〔 中国　韓国 〕との国交が正常化された。

☑ (3) 1972年，アメリカの施政下に置かれていた〔　　　　　〕が，日本へ復帰した。

☑ (4) 1950年代半ばから，日本は〔　　　　　〕と呼ばれる急速な経済成長が続いた。

☑ (5) (4)の経済成長が続く中，高速道路や〔　　　　　〕などの高速交通網が整備された。

☑ (6) ヨーロッパの統合を目指し，1993年に〔　　　　　〕が成立した。

☑ (7) 1989年，冷戦の象徴であった〔　　　　　〕が取り壊された。

☑ (8) 1990年，東西〔　　　　　〕が統一された。

☑ (9) 2001年，アメリカで同時多発〔　　　　　〕が起こった。

得点アップアドバイス

1

 高速交通網の整備

(5) 1964年に東海道新幹線が開通した。

2【日本の外交と政治】
次の文を読んで，A〜Dに当てはまる語句を答えなさい。

> 1965年，日本は韓国と（　**A**　）条約を結び，韓国政府を朝鮮半島の唯一の合法的な政府と認めた。中国との間では1972年，（　**B**　）に調印して国交を回復し，さらに1978年には日中平和友好条約を結んだ。この間，1972年には（　**C**　）の日本への復帰が実現した。政治の面では，1993年に自民党と社会党を軸とする（　**D**　）体制が終わり，以後，連立政権が続いた。

A〔　　　　　　　　〕　　B〔　　　　　　　　〕

C〔　　　　　　　　〕　　D〔　　　　　　　　〕

3【経済の成長】
右の年表を見て，次の問いに答えなさい。

(1) 年表中の**A**の政策を打ち出した首相を，次の**ア**〜**ウ**から1つ選び，記号で答えよ。
　ア 吉田茂
　イ 池田勇人
　ウ 岸信介　〔　　　〕

年代	で き ご と
1950	朝鮮戦争による特需が起こる
	↕ **ア**
1960	「所得倍増」政策を打ち出す…………**A**
	↕ **イ**
1968	日本の国民総生産が資本主義国で第2位…**B**
	↕ **ウ**
1973	第一次石油危機が起こる

(2) 年表中の**B**のころ起こった四大公害裁判のうち，石油化学コンビナートの排煙を原因とする公害病を何というか。〔　　　　　　　　〕

(3) 東京オリンピック・パラリンピックが開かれた時期を，年表中の**ア**〜**ウ**から1つ選び，記号で答えよ。〔　　　〕

4【冷戦後の世界】
右の表を見て，次の問いに答えなさい。

(1) 表中の**A**は，ECが発展してできた組織である。当てはまる語句を答えよ。
〔　　　　　　　　〕

(2) 表中の**B**を宣言した米ソの首脳会談を何というか。
〔　　　　　　　　〕

(3) 2003年にアメリカ軍などの攻撃を受けた**C**に当てはまる国名を答えよ。〔　　　　　　　　〕

項目	まとめ
地域統合	• ECやASEANの結成 • （　**A**　）の拡大
冷戦の終結…**B**	• 東西ドイツの統一 • ソ連の崩壊
冷戦後の世界	• ユーゴスラビア紛争 • アメリカ同時多発テロ • （　**C**　）戦争

⚡ 得点アップアドバイス

2

暗記術　行くなら二人で中国へ
1972年 中華人民共和国との国交が正常化。

3

注意　四大公害裁判
(2) 水質汚濁を原因とする公害病…水俣病，新潟（第二）水俣病，イタイイタイ病
大気汚染を原因とする公害病…四日市ぜんそく

4

確認　ヨーロッパの地域統合
(1) 冷戦終結後は，東ヨーロッパにも加盟国を広げている。

確認　1989年12月の米ソ首脳会談
(2) 地中海のマルタ島で行われた。

1 【日本の外交と政治】
右の地図を見て，次の問いに答えなさい。

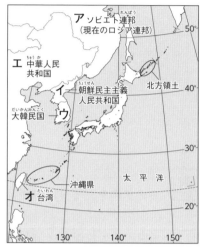

(1) 次の①〜③に当てはまる国・地域を，地図中の
　　ア〜オから1つずつ選び，記号で答えよ。
　　① 1965年に日本との国交が正常化した。
　　② 1972年に日本との国交が正常化した。
　　③ 日本との間に北方領土問題をかかえている。
　　　　　　　①〔　　　　〕②〔　　　　〕③〔　　　　〕

✓よくでる(2) 地図中の沖縄県は，何という国から日本に返還
　　されたか，答えよ。　　　　　　　〔　　　　　　　〕

(3) 沖縄返還の過程で，日本政府は核兵器に関して
　　何という原則をかかげたか，漢字5字で答えよ。
　　　　　　　　　　　　　　　　　〔　　　　　　　〕

(4) 日米安全保障条約の改定をめぐって起こった激しい反対運動を何というか。
　　　　　　　　　　　　　　　　　　　　　　　　　〔　　　　　　　〕

2 【経済の成長】
日本の実質経済成長率の推移を示した右のグラフを見て，次の問いに答えなさい。

✓よくでる(1) 次の①・②に当てはまる時期を，グ
　　ラフ中のA〜Cから1つずつ選び，記
　　号で答えよ。
　　① バブル経済　　　　　〔　　　　〕
　　② 高度経済成長　　　　〔　　　　〕

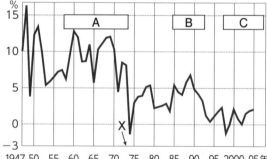

(2) グラフ中のAの時期に起こった次
　　のア〜ウのうち，最も早くに起こった
　　できごとを1つ選び，記号で答えよ。
　　ア 東京オリンピック・パラリンピックが開かれる。
　　イ 日本の国民総生産が資本主義国で第2位となる。
　　ウ 池田内閣の「所得倍増」政策が打ち出される。　　　　　〔　　　　〕

(3) グラフ中のAの時期に起こった四大公害病は，富山・四日市・新潟ともう1か所は
　　どこで発生したか，次のア〜エから1つ選び，記号で答えよ。
　　ア 岡山　　イ 大阪　　ウ 水俣　　エ 東京　　　　　　　〔　　　　〕

思考(4) グラフ中のXの年に起こった石油危機の原因となったできごとを，「第四次中東戦争」
　　という語句を用いて簡単に説明せよ。

　〔
　　　　　　　　　　　　　　　　　　　　　　　　　　　　　　　　　　　　〕

3 【冷戦後の世界】
右の年表を見て，次の問いに答えなさい。

(1) 年表中の**A**のできごとは，この3年前にある国がベトナムから撤退したことによって実現した。ある国を年表中から1つ選んで答えよ。
〔　　　　　　　〕

ミス注意 (2) 年表中の**B**のころ，ソ連を指導していた人物を，次の**ア**～**エ**から1つ選び，記号で答えよ。
ア レーガン　　**イ** ゴルバチョフ
ウ ブッシュ　　**エ** スターリン
〔　　　〕

年代	で　き　ご　と
1967	EC が発足する
	↕ **ア**
1976	南北ベトナムが統一される……………**A**
1979	ソ連がアフガニスタンに侵攻する
	↕ **イ**
1987	中距離核戦力全廃条約が結ばれる
1989	ベルリンの壁が崩壊する………………**B**
	↕ **ウ**
1991	ソ連が解体する…………………………**C**
	↕ **エ**
2001	アメリカで同時多発テロが起こる………**D**

(3) 年表中の**C**によって成立した組織を，次の**ア**～**エ**から1つ選び，記号で答えよ。
ア 独立国家共同体　　　**イ** 北大西洋条約機構
ウ ワルシャワ条約機構　**エ** ヨーロッパ連合　　　　　　　〔　　　〕

(4) 年表中の**D**のできごとをきっかけに，その年にアメリカ軍はある国を攻撃した。この国を年表中から1つ選んで答えよ。
〔　　　　　　　〕

✔よくでる (5) 次の①・②のできごとが起こった時期を，年表中の**ア**～**エ**から1つずつ選び，記号で答えよ。
① 〔　　　〕　② 〔　　　〕
① EU が発足する。　　② 東西のドイツが統一される。

入試レベル問題に挑戦

4 【経済の成長】
右のグラフは，原油の国際価格の推移を示したものである。これを見て，次の問いに答えなさい。

(1) **A**・**B**の年の原油価格の上昇に影響を与えたできごとを，次の**ア**～**エ**から1つずつ選び，記号で答えよ。
ア イラク戦争　　**イ** 世界金融危機
ウ 湾岸戦争　　　**エ** 第四次中東戦争
A〔　　　〕　**B**〔　　　〕

(2) **C**の時期，日本は原油などを燃料とする火力発電の発電量割合が高まった。その原因となったできごとを答えよ。〔　　　　　　　〕

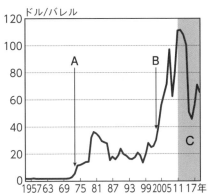

ドル/バレル

ヒント
戦争が起こると，産油国による生産量の調整などにより，原油価格が変動することがある。

定期テスト予想問題 ⑥

時間 50分
解答 別冊p.24

得点 ／100

1 次の文を読んで，あとの問いに答えなさい。 [3点×9]

> 日本がポツダム宣言を受け入れて降伏すると，アメリカ軍を中心とする a 連合国軍最高司令官総司令部（GHQ）による日本の占領が始まった。GHQ はまず軍隊を解散させ，戦争の責任者を処罰するなど，軍国主義を取り除く政策を実行した。さらに，民主化も進め，満（ ① ）歳以上の男女に選挙権を認めた。そして，女性の国会議員が初めて生まれた。労働者には労働三権が認められ，b 関連する法律が整備された。軍国主義を支えてきたとして c 財閥は解体され，d 農村では地主と小作人の関係を根本から改める改革が行われた。いっぽうで大日本帝国憲法の改正が進められ，帝国議会での審議・修正を経て，1946 年（ ② ），e 日本国憲法として公布された。

(1) ①に当てはまる年齢と，②に当てはまる月日をそれぞれ答えよ。

(2) 下線部 a の最高司令官を，次のア～エから1つ選び，記号で答えよ。
　ア　マッカーサー　　イ　ローズベルト（ルーズベルト）
　ウ　リンカン　　　　エ　ウィルソン

(3) 下線部 b に当てはまらないものを，次のア～エから1つ選び，記号で答えよ。
　ア　労働基準法　　　イ　労働組合法
　ウ　治安維持法　　　エ　労働関係調整法

(4) 戦後の主な改革を次のア～エに分類したとき，下線部 c はどの改革に当てはまるか。ア～エから1つ選び，記号で答えよ。
　ア　政治の改革　　　イ　経済の改革
　ウ　教育の改革　　　エ　非軍事化

(5) 下線部 d の改革を何というか，答えよ。また，**資料1**はこの改革の前後の農家の割合を示している。自作農にあたるのは **A・B** のどちらか，答えよ。

(6) 下線部 e について，次の問いに答えよ。
　① 日本国憲法の3つの基本原理のうち，**資料2**で解説されているものを何というか。
　② 天皇の地位は，日本国と日本国民統合の（　）とされた。（　）に当てはまる語句を答えよ。

資料1

1930年	31.1% A	42.4% 自小作	26.5% B

農家の割合

改革

1950年	62.5	32.4

5.1

資料2　あたらしい憲法のはなし（一部）

> こんどの憲法では，日本の国が，けっして二度と戦争をしないように，二つのことを決めました。その一つは，兵隊も軍艦も飛行機も，およそ戦争をするためのものは，いっさいもたないということです。

(1) ①		②		(2)		(3)		(4)	
(5) 改革			記号		(6) ①				②

2 右の資料を見て，次の問いに答えなさい。

【(7) 9 点，他 3 点×7】

(1) **資料1**は，1945 年に設立された国際組織の目的について定めたものである。この組織を何というか，答えよ。

(2) **資料1**の下線部について，最も大きな責任をもつ安全保障理事会の常任理事国を，次のア～エから1つ選び，記号で答えよ。

　ア　アメリカ・ソ連

　イ　アメリカ・ソ連・イギリス・フランス・ドイツ

　ウ　アメリカ・ソ連・イギリス・フランス・中国

　エ　アメリカ・イギリス・フランス・ドイツ・日本

資料1　（　　）の目的

> 国際の平和及び安全を維持すること。そのために，平和に対する脅威の防止及び除去と侵略行為その他の平和の破壊の鎮圧とのため有効な集団的措置をとること……（以下略）

(3) **資料2**中の**A**は，1949 年にアメリカを中心につくられた西側陣営の同盟の加盟国であり，**B**の東側陣営の同盟と激しく対立した。**A**の同盟を，次のア～エから1つ選び，記号で答えよ。

　ア　NATO（ナトー）　　イ　EC（イーシー）
　ウ　ASEAN（アセアン）　エ　OPEC（オペック）

資料2

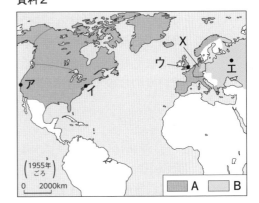

(4) **資料2**中の**X**は，第二次世界大戦後に東西に分断され，東側の国にある西側陣営の飛び地には，市民の逃亡を防ぐための壁が建設された。この壁を何というか，答えよ。

(5) 1950 年の朝鮮戦争での支援関係を，次のア～エから1つ選び，記号で答えよ。

　ア　朝鮮民主主義人民共和国・アメリカ　　　イ　大韓民国・中華人民共和国

　ウ　朝鮮民主主義人民共和国・イギリス　　　エ　大韓民国・アメリカ

(6) 日本が独立を回復することとなった平和条約が結ばれた都市を，**資料2**中のア～エから1つ選び，記号で答えよ。

(7) 1955 年には，インドネシアでアジア・アフリカ会議が開かれ，**資料3**の平和に関する原則を発表した。この会議に参加したアジア・アフリカ諸国の多くに共通する点を，「植民地」という語句を用いて簡単に説明せよ。

資料3

> ・すべての国の主権と領土保全を尊重する。
> ・他国の内政に干渉しない。
> ・侵略または侵略の脅威・武力行使によって，他国の領土保全や政治的独立をおかさない。
> ・国際紛争は平和的手段によって解決する。

(8) 日本が**資料1**に示した国際組織に加盟を果たしたのは，何という国との国交を回復したことがきっかけとなったか。次のア～エから1つ選び，記号で答えよ。

　ア　アメリカ　　イ　ソ連　　ウ　中華人民共和国　　エ　大韓民国

(1)		(2)	(3)	(4)		(5)	(6)
(7)						(8)	

3 右の資料を見て，次の問いに答えなさい。

〔(2) 9点，他2点×8〕

(1) 資料から，日本の社会のどのような変化が読み取れるか。次のア～エから1つ選び，記号で答えよ。

ア 経済発展よりも環境保全が優先されるようになった。

イ 農業で働く人の割合が減り，工業で働く人の割合が増えた。

ウ 食料自給率が上がっていった。

エ 若い人が都市から農村や山間部へ移り住むようになった。

資料 日本の産業別人口構成の変化

	第一次産業	第二次産業	第三次産業
A 1950年	49%	24%	28%
B 1960年	33	29	37
C 1970年	20	35	46
D 1980年	11	35	54
E 1990年	7	34	59

(2) 資料中のAの年に朝鮮戦争が起こると，日本の経済は好景気となり，復興が早まった。朝鮮戦争が日本の好景気につながった理由を，簡単に説明せよ。

(3) 資料中のBの年，サンフランシスコ平和条約と同時に日本がアメリカと結んでいた条約が改定された。この条約を何というか，答えよ。

(4) 資料中のBの年，池田内閣が打ち出した政策を，次のア～エから1つ選び，記号で答えよ。

ア ニューディール政策　　イ 殖産興業

ウ 所得倍増政策　　　　　エ ブロック経済政策

(5) 資料中のCのころ，ベトナム戦争で基地がアメリカの軍事拠点として使われたことで，祖国復帰運動が高まった地域を，次のア～エから1つ選び，記号で答えよ。

ア 島根県　　イ 北海道　　ウ 長崎県　　エ 沖縄県

(6) 資料中のDのころの第二次産業について，日本からアメリカなどへの輸出が急増していった工業製品として当てはまらないものを，次のア～エから1つ選び，記号で答えよ。

ア 繊維製品　　イ カラーテレビ　　ウ 半導体　　エ 自動車

(7) 次の①～③のできごとが起こったのは，資料中のどの時期か。あとのア～エから1つずつ選び，記号で答えよ。

① 公害対策基本法が制定された。

② 地価や株価が異常に高くなるバブル経済となった。

③ 日中共同声明が出され，中華人民共和国との国交が正常化した。

ア AとBの間　　イ BとCの間

ウ CとDの間　　エ DとEの間

(1)		(2)			
(3)			(4)	(5)	(6)
(7) ①		②		③	

4 右の年表を見て，次の問いに答えなさい。

【2点×9】

(1) 年表中の**a**に当てはまる語句を，次の
ア〜ウから1つ選び，記号で答えよ。
　ア　テレビ
　イ　ラジオ
　ウ　衛星

(2) 年表中の**b**の組織は，どのような目的
をもっていたか。次の**ア〜エ**から1つ選
び，記号で答えよ。
　ア　特定の鉱産資源の生産国間で利益を
　　　守る。
　イ　国家間の障壁を低くして経済・政治
　　　面で協力し合う。
　ウ　先進国と発展途上国の経済格差を解消する。
　エ　難民を救済する。

(3) 年表中の下線部**c**の会議の略称を，次の**ア〜エ**から1つ選び，記号で答えよ。
　ア　サミット　　イ　ユネスコ
　ウ　ユニセフ　　エ　エイペック

(4) 年表中の**d**は，核軍縮の動きの一つであ
る。日本政府は1971年以来，右の**資料**の
ような原則をかかげているが，この原則を
何というか。

(5) 年表中の**e**の戦争のきっかけとなったで
きごとを，次の**ア〜エ**から1つ選び，記号で答えよ。

　ア　イスラエルがパレスチナに侵攻した。　　イ　ソ連がアフガニスタンに侵攻した。
　ウ　イラクがクウェートに侵攻した。　　　　エ　イラクがイランに侵攻した。

(6) 年表中の**f**に当てはまる国名を，次の**ア〜エ**から1つ選び，記号で答えよ。
　ア　イラク　　　　　イ　アメリカ
　ウ　イスラエル　　　エ　ロシア

(7) 次の①〜③のできごとが起こったのは，年表中のどの時期か。**ア〜オ**から1つずつ
選び，記号で答えよ。
　①　地球温暖化防止京都会議が開かれ，京都議定書が採択された。
　②　第四次中東戦争をきっかけに石油危機が起こり，日本の高度経済成長が終わった。
　③　アメリカとソ連の首脳がマルタ会談を開き，冷戦の終結が宣言された。

年代	で　き　ご　と
1953	（　a　）放送が始まる
	↕ア
1967	EC が発足する……………………………b
	↕イ
1975	第1回c主要国首脳会議が開かれる
	↕ウ
1987	中距離核戦力全廃条約が結ばれる……d
	↕エ
1991	湾岸戦争が起こる…………………………e
	↕オ
2001	（　f　）で同時多発テロが起こる

資料

政府は，核兵器を持たず，つくらず，持ち
こませずという原則を遵守することを明らか
にする措置をとるべきである。

(1)		(2)		(3)		(4)			(5)		(6)	
(7)①		②		③								

カバーイラスト	へちま
ブックデザイン	next door design（相京厚史，大岡喜直）
	株式会社エデュデザイン
図版	ゼム・スタジオ，曽根田栄夫
写真	出典は写真そばに記載。
編集協力	菊地聡
データ作成	株式会社四国写研
製作	ニューコース製作委員会

（伊藤なつみ，宮崎純，阿部武志，石河真由子，小出貴也，野中綾乃，大野康平，澤田未来，中村円佳，渡辺純秀，相原沙弥，佐藤史弥，田中丸由季，中西亮太，髙橋桃子，松田こずえ，山下順子，山本希海，遠藤愛，松田勝利，小野優美，近藤想，辻田紗央子，中山敏治）

＼あなたの学びをサポート！／

家で勉強しよう。
学研のドリル・参考書

URL　　　　　　　https://ieben.gakken.jp/
X（旧 Twitter）　　@gakken_ieben

Web ページや X（旧 Twitter）では，最新のドリル・参考書の情報や，おすすめの勉強法などをご紹介しています。ぜひご覧ください。

読者アンケートのお願い

本書に関するアンケートにご協力ください。右のコードか URL からアクセスし，アンケート番号を入力してご回答ください。当事業部に届いたものの中から抽選で年間 200 名様に，「図書カードネットギフト」500 円分をプレゼントいたします。

アンケート番号：305296

https://ieben.gakken.jp/qr/nc_mondai/

学研ニューコース問題集　中学歴史

この本は下記のように環境に配慮して製作しました。
●製版フィルムを使用しない CTP 方式で印刷しました。
●環境に配慮して作られた紙を使っています。

【学研ニューコース】

問題集

中学歴史

［別冊］

解答と解説

● 解説がくわしいので，問題を解くカギやすじ道がしっかりつかめます。

● 特に誤りやすい問題には，「ミス対策」があり，注意点がよくわかります。

「解答と解説」は別冊になっています。
・・・▶ 本冊と軽くのりづけされていますので，はずしてお使いください。

Gakken

1 文明のおこりと日本の成り立ち

Step 1 基礎力チェック問題 （p.4-5）

1 (1) アフリカ　(2) 旧石器

(3) メソポタミア

(4) シルクロード（絹の道）

(5) 縄文　(6) 稲作（米づくり）

(7) 邪馬台国　(8) 大和

解説

(2) **ミス対策** 旧石器時代には石を打ち欠いてつくった打製石器が，新石器時代には表面を磨いた磨製石器が使われ始めた。

2 (1) ①エジプト　②インダス

(2) ポリス　(3) C

解説 (3) 紀元前5世紀ごろにCのインドでおこった仏教は，漢の時代の中国へ伝えられた。Aではキリスト教，Bではイスラム教がおこった。

3 (1) ①ウ　②エ　③ア

(2) Aイ　Bア　(3) 金印

解説 (1) 登呂遺跡(静岡県)は弥生時代の遺跡。

(2) 土偶と縄文土器は縄文時代，銅鐸と弥生土器は弥生時代。

4 (1) 前方後円墳　(2) ア

解説 (2) 稲荷山古墳(埼玉県)などから出土した5世紀の鉄剣に，「ワカタケル大王」と刻まれている。

Step 2 実力完成問題 （p.6-7）

1 (1) イ　(2) 打製石器　(3) 万里の長城

(4) エ　(5) くさび形文字

解説 (1) 猿人（ア）→原人（イ）→新人（ウ）の順に進化した。打製石器は猿人がつくり始めた。原人は火や言葉を使えるようになった。新人は現在の人類の直接の祖先。

(3) 写真の万里の長城は，明の時代(15世紀ごろ)に完成したものである。

(4) Bはエジプト文明でつくられたピラミッド。

(5) **ミス対策** 粘土板に葦の筆を押し当てて刻んだ文字で，くさびのような形が特徴。

2 (1) ウ　(2) イ　(3) たて穴住居

(4) 貝塚　(5) ア・エ・オ（順不同）

解説 (1) ナウマンゾウは旧石器時代の終わりに絶滅した。

(2) 縄文時代の食料は木の実や動物，魚が中心。稲作が本格的に始まったのは弥生時代になってから。

(3) 地面を掘り下げて柱を立て，屋根をかぶせてつくられた。

(5) イは古墳時代，ウ・カは弥生時代につくられた。

3 (1) Aウ　Bエ　(2) 銅鐸

(3) 漢（後漢）　(4) 卑弥呼

(5) 例 人々の間に身分の差があった。

解説 (1) Aは石包丁で，稲の穂を摘みとった。

(3) Cは江戸時代に志賀島(福岡県)で発見された。「漢委奴国王」と刻まれている。

(4) Dの「魏志」倭人伝は,中国の歴史書『三国志』の魏書にある倭（日本）に関する記述。3世紀の日本を知る上で貴重な史料。

(5) 王から奴隷までの身分の差があった。

4 (1) エ　(2) 埴輪　(3) ア

解説 (1) エの前方後円墳が当てはまる。アは前方後方墳，イは方墳，ウは円墳。

(2) 人・馬・家・船など，さまざまな形のものがつくられた。

5 (1) シルクロード（絹の道）　(2) 仏教

解説 地図中のXは漢（後漢），Yはローマ帝国。

2 聖徳太子の政治と大化の改新

Step 1 基礎力チェック問題 （p.8-9）

1 (1) 唐　(2) 十七条の憲法　(3) 小野妹子

(4) 飛鳥　(5) 法隆寺　(6) 中大兄皇子

(7) 公地・公民　(8) 百済（ペクチェ）

(9) 壬申の乱

解説 (9) 天智天皇の死後，皇位をめぐって天智天皇の弟である大海人皇子と子である大友皇子が戦い，大海人皇子が勝って天武天皇となった。

2 (1) **聖徳太子** (2) **冠位十二階** (3) **イ**

解説 (2) それまでは，生まれた家柄や出身地で，朝廷の役人を選んでいた。

3 A**ア** B**ク** C**イ** D**ウ**

解説 C聖徳太子や蘇我氏が仏教を深く信仰したため，日本で初めての仏教文化がおこった。

4 (1) **遣唐使** (2) **新羅** (3) **天武天皇**
(4) **大宝** (5) **ア**

解説 (1) 遣唐使には，留学生や僧が同行した。
(2) 新羅は唐と結んで，日本と約300年の親交があった百済を攻めた。
(4) 唐の律令を参考にしてつくられたきまり。

Step 2 実力完成問題 (p.10-11)

1 (1) ①**エ** ②**イ** ③**ア** (2) **大王（天皇）**
(3) **イ** (4) **隋** (5) **ウ**

解説 (1) ①聖徳太子は，女性である推古天皇の代わりに政治を行う摂政の地位に就いた。
(3) アとウは大化の改新でたおされた人物。
(5) 聖徳太子のころの政治の中心地は奈良盆地で，ウに位置する。

2 (1) **大化** (2) **ウ** (3) **エ** (4) **公地・公民**

解説 (1) 645年に大化の改新が始まった。

(3)
> ミス対策 朝鮮半島での戦いに敗れたあと，中大兄皇子は都を飛鳥から大津宮（滋賀県）に移し，即位して天智天皇となった。

(4) 公地・公民に基づき，人々に土地を与える班田収授法が整えられていった。

3 (1) **唐** (2) ①**白村江の戦い** ②**エ**
(3) **イ→ウ→ア**

解説 (1) 聖徳太子が派遣した遣隋使に代わり，630年からは，遣唐使が派遣された。
(2) ①663年の白村江の戦いで，日本は**A**の唐と**B**の新羅の連合軍に敗れた。②大宰府の周辺に水城と山城を築いた。イは律令制のもとで九州北部の警備にあたった兵士，エは大阪府堺市の古墳。
(3) イは668年，ウは672年，アは701年。

4 (1) **法隆寺**
(2) 例 **中国や朝鮮半島の文化の影響がみられる。**

解説 (2) 飛鳥文化には，とくに朝鮮半島からの渡来人が伝えた文化の影響がみられる。

5 ① **儒学（儒教）** ② **仏教** ③ **（推古）天皇**

解説 資料（十七条の憲法）の三宝とは，「仏教とその教えと僧」の意味である。

---

3 平城京と天平文化

Step 1 基礎力チェック問題 (p.12-13)

1 (1) **奈良** (2) **国司** (3) **班田収授法**
(4) **租** (5) **墾田永年私財法**
(6) **聖武天皇** (7) **日本書紀** (8) **万葉集**

解説 (3) 男子には2段(現在の約2300 m²)，女子にはその3分の2の口分田が与えられた。
(8)『万葉集』には天皇や貴族ばかりでなく，防人や農民などの歌も収められている。

2 A**ウ** B**ア** C**エ** D**カ**

解説 A 710年に，都は飛鳥地方北部の藤原京から平城京に移された。C地方は60余りの国に分けられ，それぞれに都から国司が派遣された。

3 (1) ①**6** ②**口分田**
(2) A**イ** B**エ** C**ア**
(3) D**開墾** E**永久**

解説 (1) 戸籍には家族の名前・年齢・性別などが記録された。
(2) B労役の代わりに布などを，自ら都まで運んで納めた。

4 (1) **天平文化** (2) **風土記**

解説 (1) 唐の影響を強く受けた文化である。
(2) 天皇が支配するすべての土地の地理的な情報を得るために，朝廷は，諸国に『風土記』の作成を命じた。

Step 2 実力完成問題 (p.14-15)

1 (1) **平城京** (2) **長安** (3) **和同開珎**
(4) 例 **碁盤の目のように規則正しく区画されていた。**
(5) **朝廷**
(6) A**太政官** B**国司**

解説 (1) 北側の中央に平城宮がつくられ，天皇の住居や役所が置かれた。
(3) 和同開珎は708年につくられた。日本で最初

の銅銭は，天武天皇の時代につくられた富本銭。

(4) 中央を南北に通る朱雀大路は，幅が約70 m あった。

(6)

> **ミス対策** B地方は，都から派遣された国司が，地方の豪族が任命された郡司や里長を指揮して治めた。

2 (1) 調　(2) 防人
(3) ①口分田　②墾田永年私財法

解説 (1) 資料1に「運び役」とあることから，農民が都まで運んで納めた調か庸である。租は口分田でとれた稲の約3％を納めた税。

(2) 九州北部には防人という兵士が置かれ，唐や新羅の攻撃に備えた。

(3) 人口が少しずつ増えていき口分田が不足するいっぽう，税や兵役・労役の負担にたえられず，口分田を捨てて逃亡する人々が増えた。このため，朝廷は墾田永年私財法を出して，新しく開墾した土地の永久私有を認め，農業生産の維持・増加を優先した。

3 (1) ①仏教　②東大寺
(2) 正倉院　(3) シルクロード（絹の道）
(4) ア　(5) 鑑真
(6) 資料1―イ　資料2―エ

解説 (1) 聖武天皇は国のすみずみまで仏教の心を行きわたらせて，平安をもたらそうと考えた。

(2) 正倉院は，三角材を組み合わせた校倉造でつくられている。

(3) 遣唐使が唐からもたらしたインド・西アジアなどの工芸品が，正倉院に収められていた。

(4) 奈良時代の天平文化は，平城京を中心に栄えた，天皇や貴族による文化。

(5) 唐の僧の鑑真は，数度の航海の失敗を乗りこえて日本に渡り，仏教の教えを広めた。

(6) 歴史書として『日本書紀』も押さえる。

4 A調　B綿

解説 肥前国神埼郡が産地名，調が税目名，綿が産物名，壱伯屯が分量を示している。都に運ばれた調には，荷札としてこのような木簡がつけられることがあった。

4　平安京と国風文化

Step 1　基礎力チェック問題　(p.16-17)

1 (1) 桓武天皇　(2) 東北　(3) 最澄
(4) 菅原道真　(5) 藤原　(6) 国風
(7) 浄土信仰

解説 (6) 平安時代半ばから，唐の文化をもとに，日本の風土や生活に合った国風文化が生まれた。

2 (1) 蝦夷　(2) ア　(3) 坂上田村麻呂
(4) ①イ　②ウ

解説 (3) 坂上田村麻呂は8世紀末から東北地方の平定に当たった。

(4) ともに山中での学問や修行を重視する宗派で，貴族に重んじられた。

3 (1) ア　(2) 国司

(1) 藤原氏は，天皇が幼いときには摂政，成人したのちには関白という職に就き，政治を動かすようになった。

(2) 不正をはたらく国司も多く，人々の不満を集めた。

4 ① 源氏物語　②枕草子　③古今和歌集
④平等院鳳凰堂

解説 ①②『源氏物語』の紫式部，『枕草子』の清少納言をまちがえないようにする。

③仮名文字と漢字を混ぜた文学が書かれたのは，紀貫之による『古今和歌集』の序文が初めてである。

④藤原頼通の父は藤原道長。この2人のころ摂関政治は全盛を迎えた。

Step 2　実力完成問題　(p.18-19)

1 (1) 平安京　(2) 国司
(3) 征夷大将軍　(4) ①エ　②ア
(5) 遣唐使

解説 (1) 桓武天皇は寺院勢力を奈良に残したまま，長岡京へ，ついで平安京へ都を移した。

(3) 「夷」は異民族，「征」は征討する意味を表す。

(4) 最澄は比叡山（京都府・滋賀県）に延暦寺を，空海は高野山(和歌山県)に金剛峯(峰)寺を建てた。

(5) 民間の貿易がさかんになったことなどから，遣唐使の必要性は薄れていた。

2 (1) A例 娘を后とした　　B関白

(2) 摂関政治

(3) (藤原)道長

(4) 米

解説 (1) こうして藤原氏は政治の実権を握った。
(3) 藤原道長は，朝廷の高い地位を一族で独占し，荘園も多くもって世の中が思いのままになる得意な気持ちを歌に表した。
(4) こうして，人々を戸籍に登録して税をとる律令国家のしくみは崩れ，耕している土地に税を課すしくみに変わっていった。

3 (1) 仮名文字

(2) ①イ　　②エ　　③ア

(3) 寝殿造

(4) 大和絵

(5) エ

解説 (1) 日本語の発音を表現しやすい仮名文字によって，漢字だけではできなかった，日本固有の感情を豊かに表現できるようになった。
(2) 紫式部と清少納言は女性である。ウとオは奈良時代。
(3) 南側に池があるものが多かった。
(4) 資料3は「源氏物語絵巻」で，物語の場面を大和絵で表した絵巻物である。
(5) 阿弥陀仏の像を収める場所が阿弥陀堂で，藤原頼通の平等院鳳凰堂（京都府）や奥州藤原氏の中尊寺金色堂（岩手県）がその代表である。

4 例 唐の文化をもとにした日本独自の文化である国風文化が栄えるとともに，貴族の服装も日本独自のものになった。

解説 唐の律令にならった国づくり，遣唐使の派遣など，飛鳥時代から日本は中国の制度・文化の影響を受けて発展してきた。平安時代半ばになると，唐の文化を基礎としながら，日本独自の優美で洗練された文化が生まれた。右側の服装は十二単とも呼ばれる。

定期テスト予想問題 ①　　(p.20-23)

1 (1) イ　　(2) ウ　　(3) C エ　　D イ

(4) ア　　(5) イ　　(6) エ

(7) 万里の長城　　(8) ウ

解説 (2) 約1万年前まで日本列島は大陸と陸続きで，大陸から渡ってきたナウマンゾウ・マンモス・オオツノジカなどの大形の動物が生息していた。ア・イは縄文時代，エは弥生時代。
(3) メソポタミア文明ではエのくさび形文字，エジプト文明ではイの象形文字（神聖文字）が使われた。アは中国文明の甲骨文字，ウはインダス文明のインダス文字。
(5) 殷→周→秦→漢の順。
(6) アはユダヤ教，イはイスラム教，ウはキリスト教。
(8) ローマ帝国は紀元前1世紀に地中海周辺の地域を統一した。

2 (1) ①縄文土器　　②イ　　③たて穴住居

(2) ア

(3) 例 稲を脱穀している様子。

(4) ①ア　　D 奴国　　F 卑弥呼　　③漢

(5) 前方後円墳

解説 (1) ②土偶は土製の人形で，豊かな実りなどを祈るためにつくられた。
③たて穴住居では，3～6人の家族が暮らしていたと考えられる。
(2) 吉野ヶ里遺跡は佐賀県の丘陵地帯にある，弥生時代を代表する遺跡である。
(3) うすときねを使って，米からもみがらを取り除いている作業である。
(4) ①『宋書』倭国伝に記されている，倭王の武による手紙で，5世紀のことがら。このころ大和政権の王は大王と呼ばれていた。
②ウは「魏志」倭人伝に記されている邪馬台国の様子で，3世紀のことがら。
③イは『後漢書』東夷伝に記されている奴国に関する内容で，1世紀のことがら。
(5) 前方後円墳には大型のものが多い。

3 (1) ウ

(2) ①例 家柄にとらわれず，才能のある人物を役人に取り立てるため。

②b　　③小野妹子

(3) c ア　　d イ

(4) イ

(5) ①聖武天皇　　②天平文化

(6) ウ

解説 (1) 聖徳太子が摂政となった年より前に隋が
おこり，のちに唐がおこった。

(2) ②東にある日本を日がのぼるところ，西にあ
る隋を日がしずむところと表現している。この手
紙を読んで隋の皇帝は激怒したとされる。

③小野妹子も，冠位十二階によって能力を買われ，
取り立てられた人物である。

(3) 豪族が支配していた土地と人々を，国家の直
接の支配のもとに置くこととした。

(5)①東大寺の本尊として鋳造された大仏である。

(6)「ご飯も食べられず」「里長が税を取り立て」
という部分に注目する。重い税に苦しむ農民の様
子が描かれている。

4 (1) 遣唐使

(2) イ

(3) a 桓武　　b 平安京

(4) 例 仏教勢力を奈良に残したまま都を移した
ため。

(5)①道長　　②摂政

③エ　　④平等院鳳凰堂

解説 (1) 7世紀に新羅が朝鮮半島を統一した影響
で，遣唐使の航路は北路から南路へと切り替えら
れた。

(4) 平城京では寺院の勢力が強まり，貴族や僧の
間で勢力争いが起こって政治が乱れた。

(5) ②天皇が成人した後，天皇の代わりに政治を
行った職が関白。

③ア紀貫之は男性である。イ清少納言が著したの
は『枕草子』。『竹取物語』は平安時代初期の成
立とされ，作者は不明。ウは奈良時代。

④鳳凰という架空の鳥がつばさを広げたような美
しい形をしていることから，鳳凰堂と呼ばれるよ
うになった。

1 武士のおこりと鎌倉幕府

Step 1 基礎力チェック問題 （p.24-25）

1 (1) 院政　　(2) 平治の乱　　(3) 源義経
(4) 御恩　　(5) 執権　　(6) 後鳥羽上皇
(7) 法然

解説 (2) 平治の乱は，保元の乱に勝利した後白河
上皇の政権内での勢力争いから起こった。

(6) 後鳥羽上皇は全国の武士に「執権を討て」と
命令したが，幕府軍に敗れて隠岐（島根県）に流さ
れた。

2 (1)①平将門　　②白河　　③平清盛
(2) 平泉　　(3) 宋

解説 (1)③平清盛は，武士として初めて太政大臣
の地位まで進んだ。

(2) 平泉を本拠地とした奥州藤原氏は，源頼朝に
滅ぼされるまで，3代にわたって栄えた。

(3) このころ商人や僧が宋に渡り，大陸との交流
が活発になった。

3 (1) 壇ノ浦の戦い　　(2) 征夷大将軍
(3) 承久　　(4) 北条泰時
(5)①ウ　　②イ

解説 (1) 源頼朝は弟の義経をつかわして，壇ノ浦
（山口県）で平氏を滅ぼした。

(4) 御成敗式目は，御家人に対する裁判の基準を
明らかにした法律である。

4 (1) 定期市　　(2) 宋
(3) 禅宗

解説 (1)(2) 定期市では，農作物や農具，衣料品な
どの売買が行われ，宋との貿易で輸入された宋銭
が使われた。

Step 2 実力完成問題 （p.26-27）

1 (1) B→C→A　　(2) ⓘ
(3) 平治の乱
(4)③ウ　　④ア
(5) 院政　　(6) 中尊寺金色堂

解説 (1) Aは12世紀後半，Bは10世紀前半，C
は11世紀末。

(2) 平清盛は兵庫の港（大輪田泊）を整備して，宋との貿易をさかんに行い，大きな利益をあげた。

② (1) 源頼朝　(2) 執権　(3) ウ

(4) Cウ　Dア

(5) ①後鳥羽上皇　②北条政子

(6) ①人物—北条泰時

法律—御成敗(貞永)式目

②ウ

解説 (2) 執権の地位を独占した北条氏は，摂関家や皇室から将軍を迎え，将軍の力を弱めた。

(3) アは侍所，イは政所である。

(4)
> ミス対策 守護は国ごと，地頭は荘園・公領ごとで，守護のほうが大きな範囲を統治した。

③ (1) イ

(2) 例 武士の気風を反映した，力強い文化。

(3) 平家物語　(4) エ

解説 (2) 東大寺南大門に収められた金剛力士像には，武士の力強さがよく表されている。

(4) 二毛作は，同じ土地で1年間に2回，別の作物をつくること。米の裏作として麦がつくられた。

④ 例 難しい修行が不要で信仰しやすい教えだったから。

解説 平安時代までの仏教は教義が難しく，皇族や貴族を中心に信仰されていた。

2　モンゴルの襲来と日本

Step 1 基礎力チェック問題（p.28-29）

① (1) フビライ＝ハン　(2) (永仁の)徳政令

(3) 後醍醐天皇　(4) 足利尊氏

(5) 日明（勘合）　(6) 朝鮮国

(7) 応仁の乱　(8) 下剋上

(9) 惣（惣村）　⑩ 土一揆

解説 (6) 倭寇の撃退に功績を上げた李成桂が，朝鮮国を建てた。

② (1) A　(2) 北条時宗

解説 (1) 中央で破裂しているのは，元軍が用いた，「てつはう」と呼ばれる火薬兵器。

---

③ (1) ウ　(2) ア

(3) ①管領　②守護大名

解説 (1)・(2) 吉野の朝廷を南朝，京都の朝廷を北朝と呼んだ。

(3)① 鎌倉幕府の将軍の補佐役は執権。まちがえないように。

② 南北朝の動乱の中，守護は，幕府から強い権限を与えられて領地を広げ，国内の武士を家来として従え，国司に代わってその国を自分の国として支配するようになった。このような守護を守護大名という。

④ (1) ①明　②朝鮮国

(2) 勘合

解説 (2) 倭寇と区別するために，勘合という証明書を正式な貿易船に持たせた。

⑤ (1) 戦国大名

(2) 一向一揆　(3) 銀閣

解説 (3) 金閣は寝殿造と禅宗寺院の様式を合わせた建築物，銀閣は書院造を取り入れた建築物。

Step 2 実力完成問題　（p.30-31）

① (1) ア　(2) ウ

解説 (2) 鎌倉幕府は徳政令を出し，御家人が売った土地を御家人にただで取り戻させようとした。

② (1) イ　(2) 管領　(3) ウ

(4) イ　(5) 足利義満

解説 (2) 主に守護大名の斯波氏・畠山氏・細川氏の三氏が交代で管領に任命された。

(4) 守護は多くの権限を幕府から認められ，領内の武士を家臣としていった。

③ (1) 例 正式な貿易船とわかるようにするため。

(2) ハングル　(3) ①ウ　②エ

解説 (1) 正式な貿易船は，勘合を持って明に行き，明の原簿と照合した。このような貿易を勘合貿易と呼ぶ。

(3) ①琉球王国は明に朝貢するとともに，中継貿易で繁栄した。

④ (1) 応仁の乱　(2) 足利義政

(3) 法律—分国法　町—城下町

解説 (1)応仁の乱以後，各地で戦国大名が活躍した時代を戦国時代という。

(2) 応仁の乱は，第8代将軍の足利義政のあと継

ぎ問題をめぐり，有力な守護大名が対立して起こった。

(3) 戦国大名は，家臣や農民を統制して領国の支配を固めるために分国法を定めた。

⑤ (1) 惣（惣村）　　(2) ア

　(3) ①イ　②エ　③ウ

解説 (1) 惣の人々は寺や神社で寄合を開き，村のおきてを定めた。

(2)
> **ミス対策** 土一揆は「正長の土一揆」，国一揆は「山城国一揆」，一向一揆は「加賀の一向一揆」を押さえる。

(3) ②雪舟は明に渡って絵を学び，帰国後は日本の水墨画を完成させた。

③世阿弥は足利義満の保護を受け，能を舞台芸術として大成させた。

⑥ (1) B→C→A，ウ

　(2) 建武

解説 (1)鎌倉幕府の滅亡は1333年で，翌年元号が建武となった。2つの朝廷が生まれたのは1336年で，その2年後に足利尊氏が征夷大将軍となった。

定期テスト予想問題 ② （p.32-35）

① (1) Aウ　Bエ　(2) ウ

　(3) 武士団　(4) 院政

　(5) 荘園

　(6) ①ア　②エ

　(7) ア　(8) b

解説 (2) 奥州藤原氏が建てた中尊寺などは，世界文化遺産に登録されている。

(5) 上皇やその信仰する寺社に多くの荘園が寄進され，国司が管理する公領よりも荘園が広くなった国もあった。

(6) ①②の戦乱を経て，平清盛が大きな勢力を得た。イ・オは元寇，ウは飛鳥時代の朝鮮半島での戦い。

② (1) ウ　(2) エ

　(3) あ執権　い六波羅探題　(4) 承久

　(5) Dア　Fエ

　(6) 例 地頭の農民に対するひどいふるまい。

　(7)① う元　え高麗　②ウ

解説 (2) 南が相模湾に面し，ほかの三方を山に囲まれていた鎌倉は，敵から攻められにくい地形だった。

(3) い六波羅探題には北条氏一族が任命され，朝廷の監視や西国の御家人の支配にあたった。

(5) D第3代執権の北条泰時が，幕府の支配を固めるために御成敗式目（貞永式目）を制定した。

(6) 農民たちは荘園領主へ納める年貢だけでなく，地頭が課す労役なども負担させられた。

③ (1) ①後醍醐　②惣（惣村）　③応仁の乱

　(2) 例 公家を重視する政治が行われ，武士の不満が高まったため。

　(3) ウ　(4) 中国―イ　朝鮮半島―ア

　(5) 倭寇　(6) エ　(7) 正長の土一揆

　(8) 風潮―下剋上　大名―戦国大名

解説 (1)②農民による自治の発達と惣どうしの結びつきから，一揆が起こるようになった。

③応仁の乱は11年続き，京都の町は多くが焼け野原となった。

(3) 南朝と北朝がそれぞれ武士を味方につけたため，南北朝の動乱は全国的に広がっていった。

(5) 九州の北部や瀬戸内海の沿岸に住む武士や漁民が，密貿易のかたわら，朝鮮や中国の沿岸で，海賊行為も行った。

(6) 琉球王国は明に朝貢した。また，日本・朝鮮・東南アジアとの中継貿易も行った。

(8) 実力しだいの戦乱の世となり，戦国大名は各地で領地を守り，広げるために争った。

④ (1) ①ウ　②ア

　(2) 武士　(3) イ

　(4) 足利義満　(5) ア　(6) 東山文化

　(7) 書院造　(8) エ　(9) ウ

解説 (1) ①運慶らは，武士の社会にふさわしい力強い彫刻をつくった。

(3) ①禅宗の僧として道元と栄西を押さえておく。

②親鸞は法然の弟子。

(5) イは金閣，ウはたて穴住居，エは鎌倉時代の武士の住居の特色。

(6) 足利義満のころの文化は北山文化という。

(9) 『浦島太郎』『一寸法師』などの物語が，絵本になって親しまれた。アは平安時代の物語，イは奈良時代の地誌，エは鎌倉時代の和歌集。

1 ヨーロッパの世界進出

Step 1 基礎力チェック問題（p.36-37）

1 (1) 十字軍　　(2) ルネサンス
　(3) 宗教改革　(4) コロンブス
　(5) インド　　(6) マゼラン
　(7) ポルトガル

解説 (1) 13世紀まで何度も派遣されたが，聖地エルサレムの奪回は，失敗した。

2 (1) ローマ教皇（法王）
　(2) プロテスタント
　(3) イエズス会　(4) ギリシャ

解説 (3) 積極的に海外への布教を行った。
(4) 美術や文学，天文学などの学問が発達した。

3 (1) Aア　　Bエ　　Cイ
　(2) 銀　　(3) ア・エ（順不同）

解説 (2) スペイン人は現地の人々を使って，銀の発掘やさとうきびの栽培をした。

4 (1) ①鉄砲　　②鹿児島
　(2) 南蛮貿易　(3) キリシタン

解説 (2) 日本には，火薬・時計・ガラス製品，中国産の生糸・絹織物などがもたらされた。
(3) 貿易の利益に着目して，自ら信者となる戦国大名も現れ，キリシタン大名と呼ばれた。

Step 2 実力完成問題　（p.38-39）

1 (1) ムハンマド
　(2) ①ウ　　②ア　　③エルサレム
　(4) ①ルネサンス（文芸復興）
　　　②イ・オ（順不同）
　　　③aエ　　bイ　　cウ
　(5) 宗教改革　(6) カルバン

解説 (1) ムハンマドは，アラビア半島を統一し，その後，後継者たちが領土を拡大していった。
(2)

> **ミス対策** ②天文学の発達，アラビア数字の発明，中国の羅針盤・火薬・印刷技術の改良を，イスラム文化として押さえておく。

(3) エルサレムはユダヤ教・キリスト教・イスラ

ム教の聖地となっている。
(4) ②カトリック教会の考え方にとらわれずに，人間性を肯定する考え方が重んじられた。

2 (1) ①ウ　　②ア　　③イ
　(2) Aスペイン　　Bポルトガル
　(3) 例 地球は丸い（球体である）ということ。

解説 (2) Aのインカ帝国では，石造りの神殿や道路網が発達していた。

3 (1) エ　　(2) エ
　(3) イエズス会

解説 (2) 堺（大阪府）や近江（滋賀県）の国友で，刀鍛冶職人によって鉄砲がつくられるようになった。

4 ①砂糖　　②奴隷

解説 三角貿易は対等な貿易ではなく，すべてがヨーロッパの利益となるような形の貿易であった。奴隷はアメリカ大陸での労働力として使われた。

2 織田信長・豊臣秀吉の全国統一

Step 1 基礎力チェック問題（p.40-41）

1 (1) 長篠　　(2) 安土城　　(3) 明智光秀
　(4) 太閤検地（検地）　(5) 刀狩
　(6) 朝鮮　　(7) 南蛮文化
　(8) 狩野永徳　　(9) 千利休

解説 (2) 大阪城は豊臣秀吉の本拠地。
(4) 全国的な規模で行われた秀吉の検地を，とくに太閤検地と呼ぶ。

2 (1) 楽市・楽座　(2) B一向　C延暦寺
　(3) 鉄砲　　(4) 本能寺

解説 (1) 織田信長は商業をさかんにするため，岐阜・安土などの城下で市の税を免除し，座を廃止して，誰でも自由に商売できるようにした。
(2) C延暦寺は，信長の支配に抵抗したため，信長はこれを焼き打ちにした。

3 (1) ①百姓　　②石高　　③兵農分離
　(2) 大阪城　　(3) 朝鮮　　(4) イ

解説 (1) さらに秀吉は，百姓が田畑を捨てて武士・町人になることや，武士が百姓や町人になることなどを禁止した。

(4) 1592年の文禄の役のときのほうが，日本軍はより深く侵攻している。1597年の慶長の役では，半島南部のみで戦いが行われた。

4 (1) **ポルトガル** (2) **わび茶**

解説 (1) 南蛮貿易を通じて，パン・時計・眼鏡なども日本にもたらされた。
(2) 千利休は，質素で静かな雰囲気を重んじる，わび茶という芸能を完成させた。

Step 2 実力完成問題 (p.42-43)

1 (1) **今川義元** (2) **イ**
(3) 記号—**ア**
　 理由—例 **鉄砲を用いているから。**
(4) **ウ** (5) ①**仏教** ②**キリスト教**

解説 (1) Aでの戦いは，桶狭間の戦い。
(2) 1568年，織田信長はBの京都に入り，足利義昭を室町幕府第15代将軍にし，1573年に追放した。アは初代将軍，ウは第8代将軍，エは第3代将軍。
(3) 左側の織田信長・徳川家康連合軍が大量の鉄砲隊を活用して，右側の武田勝頼軍を破った。
(4) 信長が本拠地としたのは，琵琶湖のほとりの安土城である。
(5) ①石山本願寺は各地の一向一揆を指揮し，戦国大名に対抗する勢力となっていた。
②このころ，貿易船に乗ってキリスト教の宣教師が次々と来日していた。

2 (1) ①**石高** ②**百姓（農民）** ③**荘園**
(2) A**刀** B**一揆**

解説 (1) 検地の結果，荘園制は完全に崩れた。また，武士と町人は町に，百姓は村にというように，住む場所も固定された。
(2) 武士以外の者から武器を取り上げることで，一揆を防止し，武士と百姓とを区別した。

3 (1) **明智光秀** (2) **刀狩**
(3) **明** (4) **エ**

解説 (1) 信長は家臣の明智光秀にそむかれ，本能寺の変で自害した。信長の家臣である豊臣秀吉は，山崎の戦いでいち早く光秀をたおした。
(3) 豊臣秀吉は明を征服するため，朝鮮に兵を出したが，民衆の強い抵抗にあって戦争は長引き，日本軍は引き揚げた。

(4) 佐賀県の有田焼などの陶磁器が，朝鮮の陶工によって始められた。

4 (1) **千利休** (2) **ウ** (3) **ア**

解説 (1) 千利休は，抹茶をたてて飲む芸能である茶の湯を，わび茶として大成させた。
(2) ア・イは雪舟の作品。エは平安時代に描かれた。
(3)
ミス対策 イは室町時代，ウは平安時代，エは飛鳥・奈良時代の文化の特色。

5 例 **（貿易の利益を求めて，）ヨーロッパ商人との貿易は認めていたから。**

解説 このころの海外貿易は，キリスト教の布教と一体化していた。

3 江戸幕府の成立と鎖国

Step 1 基礎力チェック問題 (p.44-45)

1 (1) **関ヶ原** (2) **江戸** (3) **外様**
(4) **参勤交代** (5) **百姓**
(6) **朱印状** (7) **島原・天草**
(8) **オランダ** (9) **アイヌ**

解説 (1) 徳川家康は，豊臣氏の政権を守ろうとする石田三成らの大名を，関ヶ原の戦いで破った。
(6) 朱印状で日本の商船であることが証明された。

2 (1) **武家諸法度**
(2) A**徳川家康** B**徳川家光**
(3) **譜代** (4) **旗本**

解説 (1) 領地の没収のほか，さまざまな処罰があった。
(2) 幕府のしくみは，第3代将軍の徳川家光のころに整った。

3 (1) ①**町人** ②**百姓** ③**武士**
(2) **百姓**

解説 ③帯刀は刀をたずさえること。

4 (1) **朱印船貿易** (2) **キリスト教**
(3) **ア** (4) **琉球王国**

解説 (2) キリスト教がさかんな九州地方の島原や天草で，百姓たちが天草四郎（益田時貞）という少年を大将として一揆を起こした。
(3) 長崎は南蛮貿易のころから栄え，江戸時代にはオランダ・中国との貿易の窓口となった。

1 (1) 幕藩体制

(2) **A** イ　　**B** ア　　**C** ウ

(3) ① ウ　② イ　③ エ　(4) 豊臣

解説 (1) 幕藩体制とは，将軍を中心として，幕府と藩が全国の土地と民衆を支配するしくみ。
(2) 親藩や譜代大名は，幕府にとって重要な関東・近畿などに置かれ，外様大名は江戸から遠くの九州・東北などに配置された。

2 (1) **A** ウ　　**B** ア　　**C** イ　　(2) A

(3) 例 年貢としての米をできるだけ多く納めさせるため。

(4) 五人組

解説 (1) 全人口の約85%を占める百姓が，重い年貢を課せられ，武士の生活を支えていた。
(3) 下線部は，百姓は主に雑穀を食べ，年貢である米を多く食べないようにと命じている。

3 (1) 日本町　　(2) 朝鮮

(3) ウ　　(4) イ　　(5) ア

解説 (1) 日本人の海外への渡航と帰国が禁止されると，日本町は消えていった。
(3) ① 薩摩藩は，江戸幕府の許可を得て，琉球王国を征服した。

(4)

> ミス対策　**C** の絵踏は，キリスト教徒を発見するために行われた。

(5) キリスト教を布教しないオランダ・中国に限って，長崎での貿易が許された。

4 **A** オランダ　　**B** ポルトガル

解説 鎖国の体制が固まるころ，日本にいたヨーロッパ人はポルトガル人とオランダ人。幕府が追放を考えていることから，**B** が1639年に来航を禁止されたポルトガルとわかる。

---

4 産業の発達と幕府政治の動き

Step 1　基礎力チェック問題　（p.48-49）

1 (1) 備中ぐわ　(2) 大阪　(3) 株仲間
(4) 徳川綱吉　(5) 新井白石　(6) 上方
(7) 浮世絵　(8) 享保

(9) 工場制手工業（マニュファクチュア）

(10) 百姓一揆

解説 (1) 千歯こきは脱穀のために使われた。
(4) 儒学の中でも，主人と家来，父と子などの上下関係を重んじる朱子学が奨励された。

2 (1) 新田開発　(2) ■ イ　◇ ア　▲ ウ

(3) A

解説 (2) 銀山は石見（島根県），金山は佐渡（新潟県），銅山は足尾（栃木県）に着目する。

3 (1) 貨幣　　(2) 朱子学

(3) 目安　　(4) ウ

解説 (1) 徳川綱吉が貨幣の質を落としたことで物価が上昇したため，新井白石は質を戻した。
(3) 目安箱への訴えをもとに，貧しい人々のための医療施設などがつくられた。
(4) イは正徳の治と呼ばれた。

4 (1) **A** エ　　**B** イ　　**C** ア

(2) イ

解説 (1) **B** 人形浄瑠璃とは，三味線に合わせて語る浄瑠璃に合わせて行われる，人形劇のこと。
(2) アは装飾画を描いた。

---

1 (1) ア　(2) 蔵屋敷　(3) 両替商　(4) ウ
(5) 五街道　(6) エ　(7) 千歯こき

解説 (1) イは京都で古くからの都。ウは江戸で「将軍のおひざもと」と呼ばれた。
(5) 五街道は，東海道・中山道・甲州道中（街道）・日光道中（街道）・奥州道中（街道）。

2 (1) 正徳小判，含まれる金の量が増加した。

(2) イ　(3) エ　(4) 近松門左衛門

解説 (1) 新井白石の政治を，当時の元号から「正徳の治」ということから考える。新井白石は綱吉が落とした貨幣の質を元に戻すことで物価を引き下げた。
(2) このころの幕府の政治は，それまでの武力で大名を支配する政治に代わって，学問を重視した。
(3) 経済力をつけた町人が文化の中心となった。

3 (1) 享保　　(2) ア・オ（順不同）

(3) ききん　(4) ① イ　② ア　③ イ

解説 (2) イ・ウは徳川綱吉，エは新井白石の政治である。

(3) 天明のききんや天保の<u>ききんが起こった時期</u>に，一揆が急増していることがわかる。

(4) **ミス対策** 問屋制家内工業では，作業は農民の家で行われた（内職のような形）。工場制手工業では，労働者を工場に集めて規模の大きな生産が行われた。

4 (1) 例 原料を仕入れて，それを<u>加工</u>した製品を出荷していた。

(2) ア

解説 (1) 油原料をもとに油が，鉱産物をもとに長崎向け銅などが，干鰯を肥料に栽培された綿をもとに綿製品が生産された。商工業が発達した大阪には全国から原材料が集められ，それを加工して生産された製品が出荷された。

---

5 幕府政治の展開と外国船の出現

Step 1 基礎力チェック問題 （p.52-53）

1 (1) 田沼意次　(2) 朱子学
(3) 本居宣長　(4) 解体新書
(5) 寺子屋　(6) 化政文化
(7) 伊能忠敬　(8) ラクスマン
(9) 大塩平八郎　(10) 水野忠邦

解説 (7) 伊能忠敬は，幕府の支援で全国の海岸線を測量し，日本地図をつくった。
(10) 水野忠邦は，松平定信以上に厳しく農村の立て直しと商業の抑制を進めた。

2 (1) ①B　②A　③B　④A
(2) 大阪
(3) 老中—水野忠邦，改革—天保の改革

解説 (1) ②は長崎貿易の奨励，④は町人の財力の利用にあたる。<u>田沼意次は商工業の振興により財政を立て直そうとした。</u>
(2) 幕府が直接支配していた大阪で元役人が反乱を起こしたことで，幕府は大きな衝撃を受けた。

3 (1) Aア　Bエ　(2) 錦
解説 (1) イは元禄文化のころに小説を著した人物，ウは元禄文化のころに俳諧（俳句）を詠んだ人物。
(2) 錦絵は多色刷りの美しい版画で，鈴木春信により始められた。

---

4 (1) オ　(2) イ
(3) 蘭学　(4) 異国船打払令

解説 (2) 伊能忠敬に測量術を学んだ間宮林蔵は，蝦夷地を探検して，樺太が島であることを確認した。
(3) オランダを漢字で「和蘭陀」と書いたことから，オランダ語で学ぶ学問を蘭学と呼んだ。
(4)「外国船が近づいてきたら，その場にいた者たちでただちに打ち払うこと」などを命じた。

Step 2 実力完成問題 （p.54-55）

1 (1) 財政
(2) B田沼意次　C水野忠邦
(3) 例 故郷の村に帰らせた　(4) 寛政の改革

解説 (1) 田沼意次・松平定信・水野忠邦のいずれの時期も，幕府は財源不足に苦しんでいた。
(2) 田沼意次は株仲間からとる税を目的とした。いっぽうで，水野忠邦は株仲間が物価上昇の原因と考えた。
(3) 農村の貧富の差が拡大したことで，都市への出稼ぎが増え，農村が荒廃していた。
(4) 松平定信の寛政の改革では，<u>身分秩序を重んじる朱子学</u>が奨励された。

2 (1) 国学　(2) ①エ　②カ　③イ
(3) オランダ
(4) ①ア　②エ　③ウ

解説 (1) 儒学や仏教が伝来する以前の，日本古来の姿を学ぼうとする学問である。
(2) ①前野良沢と杉田玄白らがオランダ語の解剖書を翻訳して出版したもの。
②伊能忠敬が日本全国を歩いて測量して作成した，初めての正確な日本地図である。
③『古事記伝』は平田篤胤などに影響を与え，古来の信仰を大切にする神道がおこった。
(4) ①・②どちらも風景画であり，富士山が描かれているものが多いので，作者を混同しないようにしよう。

3 (1) Aア　Bエ　Cウ　(2) 間宮林蔵
(3) 例 日本の沿岸に近づく外国船を打ち払うように命じた。
(4) 高野長英　(5) 薩摩藩
(6) イ

解説 (1) 北海道への来航はロシアが多い。

(2)

> **ミス対策** 樺太と大陸の間の海峡が「間宮海峡」という名であることから考える。

(4) 蘭学者の集まりは「蛮社」と呼ばれていたため,この弾圧を蛮社の獄という。

④ (1) 例 わいろがさかんになった政治。

(2) 例 学問と武芸に取り組めとうるさいほど命令する政策。

解説 (1) 最初の狂歌は「松平定信の政治は潔癖すぎて息苦しい。以前の田沼意次のころはわいろで政治は汚れていたが,あのころの方がよかった。」という意味である。

定期テスト予想問題 ③ (p.56-59)

① (1) 十字軍 (2) イ (3) ア (4) A
(5) 宗教改革 (6) ウ
(7) ①エ ②フランシスコ＝ザビエル
(8) ア

解説 (1) ローマ教皇の呼びかけで2世紀にわたって十字軍の遠征が繰り返された。

(2) アは儒学(儒教)を説いた。ウは仏教を,エはキリスト教を開いた。

(3) イはイタリア,ウはエジプト,エはインドの都市。

(4) Bはバスコ＝ダ＝ガマ,Cはマゼランの船隊。

(7) ① 15世紀までの中・南アメリカでは,現在のメキシコにアステカ王国,ペルーなどにインカ帝国が栄えていた。

② (1) ①ウ ②ア ③イ ④オ
(2) ウ (3) 豊臣秀吉 (4) 太閤検地
(5) 例 一揆などの百姓の抵抗を防ぎ,年貢をしっかり納めさせるため。(一揆を防ぐため。)
(6) オ (7) エ

解説 (1) ②山崎の戦いで明智光秀をたおした豊臣秀吉は,織田信長の後継者争いに勝利し,全国統一を目指した。

(2) ア奈良時代の墾田永年私財法の目的である。イ楽市・楽座では座が廃止された。エ鎌倉時代の徳政令の目的である。

(4) 土地の面積を測っている様子を表している。

(5) 資料2中の「年貢」「一揆」の語句から,刀狩の目的を読み取る。

(7) 桃山文化が栄えた時期である。エの狩野永徳はこのころの画家だが,説明は平安時代の国風文化に当てはまる。

③ (1) 徳川家康 (2) ウ
(3) ①b ②石田三成 ③例 (大名の妻子を江戸に住まわせ,) 大名は1年おきに江戸と領地に住むこと。 ④イ
(4) ①エ ②出島 ③ア・イ (順不同)
(5) ウ

解説 (1) 徳川家康は,2年で将軍職を子の秀忠に譲り,徳川氏が代々将軍になることを示した。

(2) イは鎌倉幕府で将軍を補佐した役職,エは室町幕府で将軍を補佐した役職。

(3) ①aは親藩,cは外様大名である。譜代大名は,幕府にとって重要な関東・近畿などに置かれた。

③参勤交代の制度により,大名は往復の費用や江戸での生活のために,多くの出費を強いられた。

④アは蝦夷地,ウは琉球王国との交易にあたった。

(4) ① 1615年のことである。アは1669年,イは1232年,ウは1637～38年。

③佐渡は金山で有名だが,銀も大量に産出した。

④ (1) ①イ ②エ ③ウ
(2) Xイ Yエ (3) 公事方御定書
(4) 例 商人の経済力を利用することで,幕府の財政を立て直そうとした。
(5) ①ウ ②蘭学 (6) 寛政の改革
(7) ア (8) 大塩平八郎 (9) 水野忠邦

解説 (1) ②松平定信は旗本の窮乏を救うため,借金を帳消しにさせた。アは徳川吉宗の改革。

(2) Xの元禄期には菱川師宣,Yの化政期には歌川広重・葛飾北斎などが活躍。

(5) ①『解体新書』である。ア・エは外国船の打ち払いを批判して処罰された。イは正確な日本地図を作成した。

②輸入された洋書はオランダ語で書かれたものが中心だったため「蘭学」と呼ばれた。

(7) アヘン戦争でイギリスに敗れた清の姿を見た江戸幕府は,異国船打払令を緩めた。

1 ヨーロッパの近代化

Step 1 基礎力チェック問題 （p.60-61）

1 (1) 名誉（めいよ） (2) 独立宣言
  (3) ナポレオン (4) 南北
  (5) 資本主義 (6) アヘン

解説 (3) ナポレオンはヨーロッパのほとんどを武力によって支配した。
(5) 資本家は利益を上げるために，労働者を安い賃金で長時間働かせた。

2 (1) ① (2) ア (3) ワシントン
  (4) 民法（ナポレオン法典） (5) ドイツ帝国（ていこく）

解説 (1) ②はアメリカ，③はフランス。
(2) 名誉革命後，立憲君主制が確立した。
(4) 法の下（もと）の平等などを国民全体に保障した。
(5) ビスマルクは，統一前のドイツに分立していた国の1つであるプロイセンの首相。

3 (1) ウ (2) 蒸気機関

解説 (2) 蒸気機関は，紡績機（ぼうせきき）や汽車，船などの動力に利用された。

4 (1) エ (2) 南京条約（ナンキン） (3) 太平天国（たいへいてんごく）
  (4) インド

解説 (1) イギリスは工業製品をインドに輸出し，インド産の麻薬（まやく）のアヘンを中国に密輸で売りこみ，中国の茶，絹などを輸入した。

Step 2 実力完成問題 （p.62-63）

1 (1) クロムウェル (2) 名誉（めいよ）
  (3) ①イ ②エ (4) ア
  (5) ナポレオン (6) ビスマルク (7) ウ

解説 (1) クロムウェルの指導する議会派は国王を処刑（しょけい）し，共和政をしいた。
(2) この革命は血を流さずに成功したため，「名誉革命」と呼ばれた。
(3) ①北アメリカの植民地に移住した人々が，イギリスからの独立を目指した。

(4)
ミス対策 こうした自由・平等を保障される権利（自由権・平等権）は，18世紀に確立された人権として位置づけられる。

(7) 南北戦争は1861〜65年。

2 (1) イギリス (2) 綿（めん）
  (3) ウ (4) 資本主義（経済）

解説 (1) イギリスでは，綿糸（めんし）や綿布（めんぷ）をつくるための技術開発が進み，蒸気機関で動く機械の発明で，工場における大量生産が可能になった。

3 (1) アヘン (2) 香港（ホンコン）
  (3) ア (4) インド大反乱
  (5) 例 安いイギリスの綿織物が大量に輸入され，伝統的なインドの綿織物業（めんおりものぎょう）が衰（おとろ）えた。

解説 (2) 1997年までイギリスの植民地だった。
(4) イギリスの支配に反発したインドの人々が反乱を起こした。

4 (1) ウ (2) 例 機械の使用で作業が単純になり，子どもでもできる作業が増えたから。

解説 (1) 1日18時間もの労働を強いられていたことが読み取れる。
(2) 狭（せま）い坑道（こうどう）で作業をする炭鉱では，体の小さな子どもたちが多く働かされた。

2 開国と明治維新

Step 1 基礎力チェック問題 （p.64-65）

1 (1) 下田（しもだ） (2) 関税自主権 (3) 井伊直弼（いいなおすけ）
  (4) 薩長同盟（さっちょう） (5) 徳川慶喜（とくがわよしのぶ）
  (6) 廃藩置県（はいはんちけん） (7) 士族（しぞく） (8) 地租改正（ちそ）

解説 (1) ペリーが来航した翌年の，1854年に日米和親条約が結ばれ，日本は開国した。

2 (1) ペリー (2) 日米修好
  (3) 安政の大獄（あんせいたいごく） (4) イ

解説 (2) アメリカに続いてオランダ・ロシア・イギリス・フランスとも，日本に不平等な修好通商条約を結んだ。

3 (1) ①A ②B (2) 王政復古の大号令

解説 (1) ①は長州藩（ちょうしゅうはん），②は薩摩藩（さつま）である。これらの戦いで大きな被害（ひがい）を受けた両藩は，攘夷（じょうい）が無理であることをさとった。

(2) 天皇を中心として，公家や薩摩藩・長州藩・土佐藩の出身者からなる新政府が成立した。

4 (1) (明治) 天皇　(2) 版籍奉還　(3) 学制

(4) ウ

解説 (2) 藩主が治めていた土地(版)と人民(籍)を天皇(政府)に返させた。

Step 2　実力完成問題　(p.66-67)

1 (1) ウ　(2) ハリス　(3) エ

(4) 例 日本で罪を犯した外国人を，日本にいるその国の領事が裁く権利。

(5) エ　(6) 井伊直弼

解説 (1) 浦賀はその後，開港地とならなかった点に注意する。

(3) 函館・新潟・神奈川(横浜)・兵庫(神戸)・長崎が開港され，下田は閉鎖された。

(4) 日本で事件を起こしたアメリカ人は，アメリカ領事が，アメリカの法律に基づいて，裁判を行うとされた。

(5) 幕府を批判する大名や公家を大老の井伊直弼が処罰すると(安政の大獄)，これに反発した武士たちが井伊直弼を暗殺した(桜田門外の変)。

2 (1) ①エ　②イ　(2) 攘夷　(3) ア

(4) 大政奉還　(5) イ

解説 (2) 天皇を尊ぶ尊王と，外国を打ち払おうとする攘夷の主張が結びつき，尊王攘夷運動に発展した。

(3) 坂本龍馬は，日本を外国に対抗できる強い国にするために，幕府に代わる新たな政権をつくるべきだと考えた。

(4) 徳川慶喜は，いったん政権を朝廷に返して，新政府の中で指導的地位を占めようと考えたが，王政復古の大号令が出され，実現しなかった。

3 (1) 五箇条の御誓文　(2) イ　(3) エ

(4) 地租改正　(5) 3　(6) 20

解説 (1) 明治天皇が公家や大名を集め，新しい政治の方針を神に誓うという形で発表した。

(2) 1869年の版籍奉還は効果があまりなく，2年後の廃藩置県で中央集権国家の基礎が確立した。

(3) 天皇一族を皇族，公家・大名を華族，武士を士族，百姓・町人らを平民とした。

(5)
ミス対策 地租の税率は当初3％，のち2.5％に引き下げられた。

(6) 1873年に出された徴兵令で，満20歳になった男子に兵役の義務を課した。

4 (1) 薩摩藩・長州藩 (順不同)

(2) 例 重要な役職の多くを，倒幕の中心であった薩摩・長州・土佐・肥前藩の出身者が占める政府。

解説 (1) 薩摩藩と長州藩はともに攘夷論を捨て，同盟を結んで幕府を倒す(倒幕)運動へと動き出した。

(2) 参議のすべてと主要な省庁の大臣が，薩長土肥出身者で占められている点に着目する。

3　文明開化と立憲政治

Step 1　基礎力チェック問題　(p.68-69)

1 (1) 殖産興業　(2) 文明開化

(3) 岩倉具視　(4) 竹島

(5) 自由民権運動　(6) 西南戦争

(7) 立憲改進党　(8) 天皇

解説 (3) 岩倉具視を全権大使とする使節団には，大久保利通・木戸孝允らが参加した。

(6) 征韓論が受け入れられずに政府を去っていた西郷隆盛は，西南戦争で敗れて自決した。

2 (1) イ　(2) 中江兆民　(3) 富岡製糸場

解説 (2) 中江兆民は，フランスのルソーの著書を翻訳して，基本的人権の思想を紹介した。

3 (1) ①ア　②エ　(2) 日朝修好条規

解説 (1) ①北海道には開拓使が置かれ，農地・鉱山の開発が進められた。

(2) 江華島事件を口実に，日本は1876年に日朝修好条規を結び，朝鮮を開国させた。このあと，日本と清は，朝鮮をめぐって対立した。

4 (1) 板垣退助

(2) ドイツ (プロイセン，オーストリア)

(3) 大日本帝国憲法　(4) 衆議院

(5) イ→ア→ウ

解説 (2) 伊藤博文は，皇帝中心の政治を行っているドイツの憲法を主に参考にした。

(4) 帝国議会は，皇族・華族などからなる貴族院と，選挙で選ばれた議員からなる衆議院の二院制だった。

(5) イは 1877 年，アは 1880 年，ウは 1881 年。

Step 2 実力完成問題　　　（p.70-71）

1 (1) ウ　　(2) 福沢諭吉　　(3) 文明開化

(4) A 太陽暦　　B 官営模範

解説 (1) ウは江戸時代の運送業者である。

2 (1) 岩倉具視

(2) 例 B は日本と清が対等な内容だったが，C は朝鮮にとって不利な内容だった。

(3) 江華島事件　　(4) ロシア

(5) ① イ　　② エ

解説 (2) C では，日米修好通商条約と同じような不平等な内容を，朝鮮に押しつけた。

(4) 樺太・千島交換条約により，樺太はロシア領，千島列島は日本領とされた。

(5) 台湾出兵から琉球処分にいたる流れである。

3 (1) 民撰議院　　(2) 士族

(3) C 自由党　　D 大隈重信　　(4) エ

(5) 天皇　　(6) ① ウ　　② イ

解説 (1) 国会を開いて国民が選んだ議員が政治を行うようにすべきだと主張した。

(4) 伊藤博文はのちに，内閣総理大臣の地位を黒田清隆に譲り，枢密院の議長となって憲法制定に力を入れた。

(5) 主権は天皇にあった。

(6)

> ミス対策　国会開設の勅諭→政党の結成→激化事件(秩父事件など)の順を押さえる。

4 (1) 例 武力を用いてでも朝鮮を開国させようという主張。　　(2) ア

(3) 例 西郷隆盛ら征韓派が政府を去った。

解説 (1) 明治政府は朝鮮と国交を結ぶため使節団を派遣したが，朝鮮は外交関係を結ぶことを拒否していた。これに対して，武力を背景に朝鮮に開国をせまる征韓論が士族たちの間で起こった。

(3) 征韓論を唱えた西郷隆盛や板垣退助らが政府を去った。これを征韓論政変（明治六年の政変）と呼ぶ。

---

4 日清・日露戦争と日本の産業革命

Step 1 基礎力チェック問題　（p.72-73）

1 (1) 領事裁判権（治外法権）

(2) 甲午農民戦争　　(3) 下関

(4) 三国干渉　　(5) 日英同盟

(6) 日露　　(7) 韓国　　(8) 八幡製鉄所

解説 (8) のちに国内の鉄の大部分が，八幡製鉄所で生産されるようになった。

2 (1) ① ア，陸奥宗光　　② エ，小村寿太郎

(2) エ

解説 (1) ① は日清戦争の直前，② は韓国併合のあと。

(2) 下関条約から第二次世界大戦で日本が降伏するまで。

3 (1) ア　　(2) イギリス　　(3) 辛亥

解説 (1) 下関条約の直後に三国干渉が行われた。

4 (1) 産業革命　　(2) ① オ　　② イ

(3) 夏目漱石

解説 (1) 日清戦争の前後に繊維などの軽工業を中心に産業革命が進み，日露戦争の前後には金属・機械の重工業もしだいに発達していった。

(2) ① は栃木県，② は福岡県。

(3) 夏目漱石は，人間の自我を深く見つめる作品を発表した。

Step 2 実力完成問題　　　（p.74-75）

1 (1) イギリス　　(2) 日清戦争

(3) ① イ　　② ア

(4) 下関条約　　(5) ウ

解説 (1) イギリスはロシアの東アジアへの進出に対抗するため，日本との条約改正に応じた。

(3) ① 日本は下関条約で遼東半島・台湾・澎湖諸島を領土としたが，ロシア・ドイツ・フランスによる三国干渉で遼東半島を清に返還した。

(5) 軍備の拡張や重工業の振興に使われた。

2 (1) 義和団

(2) 例 ロシアの南下を防ごうというイギリスの意図と，日本の利害が一致したため。

(3) イ　　(4) 南満州鉄道

解説 (2) 中国での勢力を守るため，イギリスは日

本に近づいた。

(3) アは関税自主権の回復を達成した。ウは立憲改進党を結成した。エはアメリカへの留学生。

(4) ミス対策 南満州鉄道は，日本が中国東北部に勢力を伸ばすための中心機関となった。

③ (1) ポーツマス条約
(2) 伊藤博文　(3) 中華民国　(4) イ

解説 (4) 1910年に韓国併合が行われた。

④ (1) ウ　(2) 八幡製鉄所　(3) 北里柴三郎

解説 (1) 日清戦争のころ，繊維工業では機械による生産が中心となり，綿糸が清や韓国などに輸出されるようになった。

(2) 日清戦争の賠償金の一部をもとに，現在の北九州市に八幡製鉄所が建設された。

⑤ (1) B　(2) A

解説 (1) 新聞社の多くは開戦論を主張し，ロシアとの戦争の機運が高まった。

(2) Aはキリスト教徒の内村鑑三の非戦論である。与謝野晶子は，日露戦争に出兵した弟の身を案じて「君死にたまふことなかれ」という詩を詠んだ。

定期テスト予想問題 ④　(p.76-79)

① (1) ①ピューリタン革命　②名誉革命
(2) ウ　(3) ア　(4) 蒸気機関
(5) イ　(6) 南北　(7) ⑤　(8) イ

解説 (1) ピューリタン革命は日本で鎖国の体制が固まったころ，名誉革命は徳川綱吉の政治が始まったころ。

(2) 議会の権利を確立した。アはアメリカ独立宣言，イはフランス人権宣言。

(5) アはアジアからヨーロッパへの輸出。19世紀初めにイギリスからアジアへの輸出がこれを上回った。

(7) ⑤は茶・絹，⑥は綿織物。

② (1) ウ　(2) 井伊直弼　(3) ア
(4) エ　(5) ウ
(6) 例 政府の役人が全国を統治する中央集権国家をつくるため。
(7) イ　(8) エ　(9) イ　⑩ 殖産興業

解説 (1) 幕府の独断を批判する声が高まった。

(2) 安政の大獄で尊王攘夷派を弾圧した井伊直弼は，桜田門外の変で暗殺された。

(3) イは土佐藩の人物，ウ・エは長州藩の人物。

(5) ウは1872年の学制である。

(8) 土地の所有者に，豊作・凶作に関わらず，地価の3％を地租として現金で納めさせた。

(9) 最初は，多くの徴兵免除規定があった。

③ (1) イ　(2) エ
(3) ①征韓論　②日朝修好条規
(4) 例 政府は言論や出版の弾圧を行った。
(5) ウ　(6) 伊藤博文
(7) ①ア　②大日本帝国憲法
(8) イ

解説 (2) アはロック，イはルソー，ウはモンテスキューの著作。

(3) ①欧米の視察から帰国した大久保利通らは，まず国内の政治を整えるべきだとして，征韓論を抑えこんだ。

(4) 警察官が民権派の口を封じている様子が描かれている。

(5) 大隈重信が結成したアと区別する。

(7) ①伊藤博文は，議会に対して君主の権限が強いドイツの憲法が，天皇を中心とする立憲君主制の建設に向いていると考えた。

(8) 藩閥政府と呼ばれた。

④ (1) 領事裁判権（治外法権）
(2) ①イ　②イ・ウ・オ（順不同）　(3) 英
(4) ①ウ　②例 賠償金をとれなかった点。
(5) 韓国　(6) ア
(7) ①カ　②ウ　③イ

解説 (1) ノルマントン号事件の船長はイギリス人で，裁判は神戸のイギリス領事館で行われた。

(4) ①それまでは，樺太・千島交換条約によって，樺太はロシア領，千島列島は日本領だった。

(5) 日本は韓国併合に関する条約を結ばせ，朝鮮総督府を設置した。

(7) ①は1911年，②は1901年，③は1895年。

1 第一次世界大戦と日本

Step 1 基礎力チェック問題 （p.80-81）

1 (1) **同盟国** (2) **連合国**

(3) **二十一か条** (4) **ロシア**

(5) **ベルサイユ条約** (6) **国際連盟**

(7) **五・四運動** (8) **ガンディー**

解説 (3) 山東省のドイツ権益を日本が引き継ぐこと，旅順・大連の租借期間を延長することなどの要求のほとんどを中国に認めさせた。

(6) 国際連盟はジュネーブに本部を置き，イギリス・フランス・イタリア・日本が常任理事国となった。

(8) イギリス製品の不買運動や，納税の拒否など，暴力的な手段には訴えないが（非暴力），イギリスの支配には従わない（不服従）という運動を進めた。

2 (1) **イギリス** (2) **第一次世界大戦**

(3) **中国（中華民国）** (4) **レーニン**

解説 (1) 日英同盟である。

(2) オーストリア皇位継承者夫妻がセルビア人に暗殺されたサラエボ事件が，第一次世界大戦のきっかけとなった。

(4) 革命によって成立した政府は，ドイツと単独で講和を結び，第一次世界大戦を離脱した。

3 (1) **ドイツ** (2) **ウィルソン** (3) **ア**

解説 (2) ウィルソンは国家の利害を超えた世界平和を主張した。

(3) ワシントン会議により，日英同盟は解消された。

4 (1) **ソビエト社会主義共和国連邦（ソ連）**

(2)①**イ** ②**ウ** ③**エ**

解説 (2)①はインド，②は中国，③は朝鮮。

Step 2 実力完成問題 （p.82-83）

1 (1) A**オ** B**ア** (2)**イ**

(3) 例 **連合国側のイギリスと同盟を結んでいたから。**

(4) **社会主義** (5) **ウ**

解説 (1) ドイツ・オーストリア・イタリアの三国

同盟と，イギリス・フランス・ロシアの三国協商が，バルカン半島などをめぐって対立していた。

(3) 日英同盟には，どちらかの国が二国以上と戦争をした場合には参戦するという内容があった。

(4) 1922年には，社会主義を目指す初めての国家であるソビエト社会主義共和国連邦が成立した。

(5) 1915年の二十一か条の要求である。

2 (1)①**パリ** ②**ウィルソン**

(2) **エ** (3) **ウ**

解説 (1) パリ講和会議では，アメリカのウィルソン大統領が提唱した原則をもとに，大国を中心に協議が進められた。

(3) 国際連盟の提案国であるアメリカは，議会の反対によって参加しなかった。

3 (1) **ベルサイユ条約** (2) **ドイツ**

解説 (1) ベルサイユ条約によって，ドイツは兵力を制限され，以後30年間で1320億マルクもの賠償金を支払うことを義務づけられた。

4 (1) A**三・一** B**五・四**

(2) **ウ** (3) **ソビエト**

解説 (1) A朝鮮の京城（ソウル）では日本からの独立宣言が発表され，全土に三・一独立運動が広まった。

B中国では日本への反発が強まり，北京の学生集会をきっかけに五・四運動が起こった。

(2) ミス対策 1919年，ドイツで制定されたワイマール憲法は，社会権や労働者の団結権などを定め，当時，世界で最も民主的な憲法だった。

(3) 1917年のロシア革命では，兵士も加わった民衆によるソビエト（代表会議）という自治組織が，帝政をたおした。

5 (1) **エ** (2) **ワシントン会議**

解説 中国の主権を侵害したのが二十一か条の要求（1915年），中国の主権を尊重し軍備を縮小したのがワシントン会議で結ばれた条約（1922年）である。

Step 1 基礎力チェック問題 (p.84-85)

1 (1) (第一次) 護憲　(2) 大正デモクラシー

(3) 大戦景気　(4) 米騒動　(5) 原敬

(6) 小作争議　(7) 平塚らいてう

(8) 全国水平社　(9) 普通選挙

解説 (2) 吉野作造は, 普通選挙によって政治に国民の意見を反映させることを主張する「民本主義」を唱え, 大正デモクラシーを理論的に支えた。

(3) 鉄鋼や造船などの重化学工業が急成長して, 工業国としての基礎が築かれた。

2 (1) イ　(2) エ　(3) ア

解説 (2) 富山の漁村の女性たちが, 県外への積み出しの中止と米の安売りを要求して米屋に押しかけたことが, 米騒動のきっかけとなった。

3 (1) A エ　B ア　C オ

(2) ① ウ　② エ　③ ア

解説 (1) A 吉野作造は, 主権が国民にあるように思われる「民主主義」では, 大日本帝国憲法の天皇主権の体制に反すると考え, 「民本主義」の言葉を用いた。

B 大臣の多くを政党の党員が占める内閣である。

(2) ③「元始, 女性は実に太陽であった」で始まる青鞜社の宣言を発表した。イの部落解放運動では全国水平社が結成された。

4 (1) ラジオ　(2) プロレタリア文学

解説 (1) 1925 年に始まり, 急速に普及したラジオ放送は, 国民にとって新聞と並ぶ情報源となった。

Step 2 実力完成問題　(p.86-87)

1 (1) 1915 年から 1918 年まで

(2) ア・エ（順不同）

(3) 動き―米騒動　理由― 例 シベリア出兵を見こして米が買い占められたため。

解説 (1) 第一次世界大戦の期間にあたる。日本では戦争中, 戦場となったヨーロッパや, ヨーロッパからの輸入が止まったアジアなどへの輸出が増え, 重化学工業も発展し, 好景気を迎えた。

(2) イは 1901 年, ウは明治時代初期, オは 1882 年で, 軽工業を中心に産業革命が始まったころ。

(3) ロシア革命に干渉するためのシベリア出兵に備えて, 商人が米を買い占めたことから, 米の値段が急上昇した。

2 (1) 護憲　(2) B イ　C オ　D ア　(3) ア

(4) 満 25 歳以上の男子に与えられた。

解説 (1) 藩閥政府を批判し, 憲法の精神に基づいた, 議会中心の政治を求める運動が高まった。

(2) D 第二次護憲運動の結果, 護憲派の政党の連立によって加藤高明内閣が成立した。

(3) 軍人が首相であった内閣に代わって, 立憲政友会総裁の原敬が本格的な政党内閣をつくった。

(4) 納税額の制限を廃止した男子普通選挙の実現によって, 有権者の数は約 4 倍に増えた。

3 (1) 争議　(2) B エ　C ア

(3) ア・エ（順不同）　(4) 治安維持法

解説 (1) ストライキなどの団体行動によって要求の実現を目指すことを争議という。

(2)

> **ミス対策** B 被差別部落の人々は全国水平社を結成し, 政府に頼らず, 自力で差別からの解放を目指す運動を進めた。C 平塚らいてうは, 明治時代の終わりに青鞜社を結成し, 女性差別からの解放を目指す運動を進めていた。

(3) イは日本初の女子留学生の 1 人。帰国後, 女子教育に力を尽くした。ウは「君死にたまふことなかれ」という詩を発表した歌人。

(4) 主に社会主義運動の広まりを防ぐことを目的に制定された治安維持法により, 国民の思想・結社などの自由は制限された。

4 (1) エ　(2) ア

解説 (1) エは明治時代初めに広まった。

(2) 芥川龍之介は, 『羅生門』など, 古典文学から題材を取った短編小説や, 『蜘蛛の糸』など, 子ども向けの短編小説を著した。イ・エは明治時代の小説家, ウは明治時代の俳人・歌人。

5 例 物価の上昇に賃金の上昇が追いつかなかったため。（賃金より, 物価の方が上がってしまったため。）

解説 第一次世界大戦中, 日本はかつてない好景気（大戦景気）となったが, 好景気のために物価が上昇し, それに賃金の上昇が追いつかなかった。

3 世界恐慌と日本の中国侵略

Step 1 基礎力チェック問題 （p.88-89）

1 (1) **世界恐慌**

(2) **ニューディール（新規まき直し）**

(3) **ブロック** (4) **ファシズム** (5) **満州**

(6) **五・一五** (7) **二・二六** (8) **日中**

(9) **国家総動員法**

解説 (4) 第一次世界大戦後，イタリアやドイツでは経済の混乱が続いていた。

(6) 五・一五事件により，1924年以来続いてきた政党政治が途絶えた。

2 (1) **イ** (2) Ⓐ**ア** Ⓑ**エ**

(3) **ローズベルト（ルーズベルト）** (4) **b**

解説 (2) ブロック経済は，本国と植民地と関係の深い地域との間だけで経済を成り立たせるしくみ。

3 (1) **満州** (2) **国際連盟** (3) **犬養毅**

解説 (1) 関東軍とは，満州に駐留していた日本軍。

(2) 国際連盟は，満州事変を調べるために派遣されたリットンを団長とする調査団の報告に基づき，満州国を承認せず，日本軍の引き揚げを勧告した。

4 (1) **中国（中華民国）** (2) **国家総動員**

解説 (1) 日中戦争は，政府の見込みに反して長期化していった。

Step 2 実力完成問題 （p.90-91）

1 (1) **イ** (2) **ア**

(3) ①**イギリス** ②**ドイツ**

③**アメリカ** ブロック経済―①

(4) **エ**

解説 (2) 恐慌により，鉱工業生産は落ちこみ，失業率は上昇した。

(3) ①とくにイギリスとフランスは，植民地との貿易を拡大して，外国商品に対する関税を高くした。

②第一次世界大戦後のベルサイユ条約によって，ドイツの軍備は制限されていた。

③ローズベルト大統領は，積極的に公共事業をおこして景気を回復させようとした。

(4) スターリンが独裁体制を築き，五か年計画や農業集団化による社会主義の建設を進めていた。

2 (1) **エ** (2) **ロンドン** (3) **ア** (4) **ウ**

解説 (1) アは中国共産党の指導者。イは中国国民党の創設者。ウは辛亥革命後に帝国主義勢力と結んだ軍閥。

(4) このころから日本はドイツと歩調を合わせるようになった。

3 (1) A**エ** B**ア** (2) **ウ**

解説 (1) イは1928年の張作霖爆殺事件。ウは満州事変のきっかけ。

(2)
> **ミス対策** 政党政治→〈五・一五事件〉→軍国主義の流れで押さえる。

4 (1) A**日中** B**南京** (2) **毛沢東**

(3) 例 **政府は議会の同意なしに，物資や労働力を動員できることとした。**

解説 (3) 国民や物資を軍に優先してまわすようにした結果，日用品が不足するようになった。

5 例 **政府の役人に占める日本人の割合が高いことから，満州国を実質的に支配しているのは日本であると判断したから。**

解説 日本は，満州国は自発的な民族独立運動によって成立したと主張していた。

4 第二次世界大戦と日本

Step 1 基礎力チェック問題 （p.92-93）

1 (1) **ドイツ** (2) **太平洋** (3) **大政翼賛会**

(4) **集団疎開** (5) **イタリア**

(6) **長崎** (7) **ポツダム**

解説 (2) 日本と同盟を結んでいたドイツとイタリアもアメリカに宣戦布告し，ヨーロッパで始まった第二次世界大戦は，世界規模の戦争に拡大した。

2 (1) **イ** (2) **枢軸国**

(3) **エ** (4) **エ**

解説 (2) 枢軸国は，26か国からなる連合国との戦争を戦った。

3 (1) **米**

(2) A**学徒** B**勤労** C**朝鮮**

解説 (1) 農村の人手・肥料の不足により，食料生産が減少していった。

(2) 労働力や兵力の不足が深刻になっていった。

④ (1) **イ→ウ→ア**　(2) **ア→ウ→イ**

解説 (1) **イ**は 1942 年，**ウ**は 1943 年，**ア**は 1945 年。

(2) すべて 1945 年のことで，**ア**は 3〜6 月，**ウ**は 8 月 6 日，**イ**は 8 月 14 日。被害が拡大してようやく降伏した。

Step 2 実力完成問題　(p.94-95)

① (1) **イギリス・フランス**（順不同）

(2) **ソ連**　(3) **イ**

(4) **イタリア**

(5) **マレー半島・真珠湾**（順不同）

解説 (1) **A**の国はドイツ。イギリス，フランスはポーランドを援助する条約に基づいてドイツに宣戦布告した。

(2) イギリスやフランスに不信感をいだいていたソ連は，1939 年にドイツと不可侵条約を結んでいた。

(3) ドイツはせまい居住区にユダヤ人を閉じ込め，さらにそこからアウシュビッツなどの強制収容所へ送った。

(4) **B**の国はエチオピア。イタリアは，世界恐慌後に経済が行きづまると，エチオピアを侵略し，1936 年に併合した。

② (1) ①**イ**　②**ア**　③**エ**　④**ウ**

(2) **A エ**　**B イ**

解説

(1) **ミス対策** 戦時下の日本国内の様子は，「大学生＝学徒出陣，中学生・女学生＝勤労動員，小学生＝集団疎開」の組み合わせで押さえる。

(2) **A**労働組合も解散させられて，大日本産業報国会にまとめられた。

③ (1) **ミッドウェー**　(2) **ア**　(3) **東京**

(4) **沖縄**　(5) **ウ→イ**

(6) 例 **日本が無条件降伏すること。**

解説 (1) この海戦で日本は主力空母を失い，海軍の戦力が大きく低下した。

(2) **イ**はイギリス，**ウ**は中国国民党，**エ**はドイツの指導者。

(4) 当時の沖縄県民のうち，約 4 分の 1 にあたる住民が死亡した。

(5) 8 月 6 日に広島，8 月 9 日に長崎に原子爆弾が投下された。

(6) 日本軍の無条件降伏と戦後の民主化などを求めていた。

④ (1) **連合国**　(2) **オランダ**

(3) 例 **互いを侵略しない条約を結んでいたが，のちに一方がそれを破って戦闘が始まった。**

解説 **A**はドイツ，**B**はイタリア，**C**はソ連，**D**はイギリス，**E**は中国，**F**はアメリカ，**G**はオランダ。**A**と**C**は独ソ不可侵条約，**C**と日本は日ソ中立条約を結んでいた。

定期テスト予想問題 ⑤　(p.96-99)

① (1) **エ**　(2) **三国協商**　(3) **三国同盟**

(4) **ア**　(5) **イ**　(6) **ロシア**

(7) **ベルサイユ条約**　(8) **エ**　(9) **国際連盟**

解説 (1)〜(3) 第一次世界大戦で三国同盟側についた国々は同盟国，三国協商側についた国々は連合国。日本とつながる日英同盟に注目する。

(4) 民族構成の複雑なバルカン半島は，「ヨーロッパの火薬庫」と呼ばれていた。

(7) ドイツは植民地のすべてを失い，本国の一部を割譲し，巨額の賠償金を課せられた。

(8) ①は三・一独立運動，②は五・四運動について述べている。

② (1) **a**　(2) **財閥**

(3) **イ**　(4) **吉野作造**

(5) ①**ウ**　②**ア**

③ 例 **主な大臣がすべて政党の党員から構成されていた点。**

(6) **エ**　(7) **イ**

(8) **治安維持法**

解説 (1) 第一次世界大戦の間，日本は連合国に軍需品を供給するなどしたため，輸出額が輸入額を上回っていた。

(3) **ア・ウ**は自由民権運動，**エ**は小作争議。

(5) ②シベリア出兵を見こした米の買い占めが，米価上昇と米騒動をもたらした。

(7) 1925 年に，満 25 歳以上の男子に選挙権を認める普通選挙法が制定された。しかし，性別制限の撤廃は，1946 年実施まで待たなければならな

かった。

3 (1) ①エ
　②例 **本国と植民地との関係を密接にし，それ以外の外国商品に対する関税を高めた。**
(2) ①イ　②ア　(3) ①ウ　②ア
(4) エ　(5) 国家総動員法
(6) ①ウ　②オ　③イ

解説 (1) ②ブロック経済により，自由貿易はさまたげられていった。植民地の少ない日本・ドイツ・イタリアなどはこの政策に反発を強めた。
(2) ②満州事変→満州国の建国→国際連盟による撤退勧告の順に起こった。
(3) ①ローズベルトは1933年にアメリカ大統領となった。
(5) 議会の承認なしに，国民や物資のすべてを戦争に動員できるようになった。
(6) 第一次世界大戦後の国際協調を目指す動きが世界恐慌で崩れ，軍国主義化し，日中戦争へと進んでいった経緯を押さえる。①は1932年，②は1937年，③は1930年。

4 (1) ①**大政翼賛会**　②**皇民化政策**
　③**イタリア**　④**ポツダム**
(2) **ウ**
(3) ①**隣組**　②例 **空襲から子どもを守るため。**
(4) **ア**　(5) **ウ**　(6) **ア**

解説 (3) ①町や村のすみずみに隣組が組織された。
②1944年にサイパン島が連合国軍に占領されると，大規模な日本本土への空襲が始まった。
(5) 真珠湾攻撃と太平洋戦争である。
(6) 樺太・満州などで日本兵の捕虜を含む約60万人の日本人がシベリアに連行され，抑留されたうえに厳しい労働に従事させられた。

【6章】現代の日本と私たち

1 戦後日本の発展と国際社会

Step 1 基礎力チェック問題（p.100-101）

1 (1) **連合国軍最高司令官総司令部（GHQ）**
(2) **財閥**
(3) **冷たい戦争（冷戦）**
(4) **中華人民共和国（中国）**
(5) **朝鮮戦争**
(6) **自衛隊**
(7) **アジア・アフリカ会議**
(8) **国際連合**

解説 (4) 太平洋戦争が終わると，中華民国では国民党と共産党の間で再び内戦が起こり，共産党が勝って中華人民共和国を建国した。

2 (1) **Aイ　Cエ**
(2) 例 **日本国と日本国民統合の象徴**
(3) **民法**

解説 (2) 日本国憲法第1条の条文で，天皇はいっさいの政治権力をもたない象徴であると定められた。
(3) 明治時代に制定された民法では，一家の主人（家長）である戸主に強い権限が与えられていた。

3 (1) **Aアメリカ　Bソ連（ソビエト連邦）**
　C冷たい戦争（冷戦）
(2) **ウ**

解説 (1) 冷戦はアジアの国々にも影響を及ぼし，朝鮮戦争やベトナム戦争が起こった。
(2) 中華人民共和国の成立で，東アジアでの社会主義の広がりが警戒された。

4 (1) ①**サンフランシスコ平和条約**
　②**日ソ共同宣言**
(2) **日米安全保障条約（日米安保条約）**

解説 (1) ①サンフランシスコ講和会議でアメリカ・イギリスなど48か国との間で平和条約が結ばれ，翌年，日本は独立を回復した。
②ソ連との国交を回復するとともに，日本の国連加盟に反対していたソ連が賛成に転じた。

1 (1) イ

(2) 例 満 20 歳以上の男女。

(3) 平和主義（戦争放棄）

(4) 教育基本　(5) 財閥

(6) エ

解説 (1) GHQ は，日本の非軍事化と民主化を進めるための改革を指令した。

(4) 教育基本法の制定で，教育勅語は失効した。

(5) 巨大な企業を分割し，経済の民主化をはかった。

2 (1) イ　(2) 北大西洋条約機構（NATO）

(3) ソ連（ソビエト連邦）

(4) c　(5) アジア・アフリカ会議

解説 (1) ニューヨークである。

(2) NATO は西ヨーロッパ各地に軍事基地を置き，ソ連に対抗した。

(4) 第二次世界大戦後，朝鮮はアメリカが支援する南の大韓民国（韓国）と，ソ連が支援する北の朝鮮民主主義人民共和国(北朝鮮)の 2 国に分かれた。

3 (1) イ　(2) 自衛隊　(3) ①エ　②イ

解説 (2) 1950 年につくられた警察予備隊は，1952 年に保安隊に，1954 年には自衛隊へ発展。

(3) ①日ソ共同宣言でソ連との国交を回復したことをきっかけに，国連加盟が実現した。

4 例 日本政府が実施した（示した）政策は，民主化が不十分と判断され，GHQ の新たな指示に基づいて，その内容が決定した。

解説 農地改革の政府案は地主の支配を残した点，憲法改正の政府案は天皇の統治権を残した点が，GHQ から不十分であると判断された。

2　新たな時代の日本と世界

1 (1) 韓国

(2) 中国　(3) 沖縄

(4) 高度経済成長　(5) 新幹線

(6) EU（ヨーロッパ連合）　(7) ベルリンの壁

(8) ドイツ　(9) テロ

解説 (9) 2001 年 9 月 11 日，ニューヨークなど 3 か所でほぼ同時にテロ攻撃が発生した。

2 A日韓基本　B日中共同声明　C沖縄　D 55 年

解説 D自民党の単独政権がたおれ，非自民の連立政権が成立した。

3 (1) イ　(2) 四日市ぜんそく

(3) イ

解説 (1)「所得倍増」政策をかかげることで，国民の意識を経済成長へ向かわせた。

(2) 四大公害病のうち，四日市ぜんそく以外の公害病は水質汚濁が原因だった。

4 (1) EU（ヨーロッパ連合）

(2) マルタ会談　(3) イラク

解説 (1) ヨーロッパ諸国のより緊密な関係をつくるため，EU が発足した。

(2) ベルリンの壁崩壊→マルタ会談→東西ドイツ統一→ソ連解体の順で押さえておく。

1 (1) ①ウ　②エ　③ア

(2) アメリカ　(3) 非核三原則

(4) 安保闘争

解説 (1) ①は日韓基本条約，②は日中共同声明について。③はロシアに引き継がれている。

(2) 沖縄は，1972 年にアメリカ軍の基地を残したまま日本に返還された。

(4) 衆議院で条約承認が強行されたことで，国会の周辺で大規模なデモが起こった。これを安保闘争という。条約の発効後，岸信介内閣は退陣した。

2 (1) ①B　②A　(2) ウ　(3) ウ

(4) 例 第四次中東戦争の影響で，石油価格が急上昇した（できごと）。

解説 (1) ①1980 年代後半にバブル経済と呼ばれた好景気が訪れたが，1990 年代初めに崩壊した。

②1950 年代半ばから，日本は 20 年近くにわたってめざましい経済成長をとげた。

(2) ウは 1960 年，アは 1964 年，イは 1968 年。

(4) 1973 年に第四次中東戦争が起こると，産油国などが結成した石油輸出国機構（OPEC）が石油価格を大幅に引き上げたため，日本を含む世界の経

済が打撃を受けた。

③ (1) **アメリカ**　(2) **イ**　(3) **ア**
(4) **アフガニスタン**　(5) ① **エ**　② **ウ**

解説 (1) 第二次世界大戦後，南北に分かれたベトナムでは，アメリカとソ連・中国の対立を背景にベトナム戦争が起こった。

(2)

> ミス対策 **ア**と**ウ**は，ともにアメリカの大統領。**エ**は，ロシア革命を指導したレーニンのあとソ連の指導者となり，独裁体制をしいた人物。

(5) ①は 1993 年，②は 1990 年。

④ (1) A **エ**　B **ア**
(2) 例 **東日本大震災（福島第一原子力発電所事故）**

解説 (2) 全国の原子力発電所が点検のため運転を停止したため，火力発電に頼る割合が急速に高まり，燃料である原油や石炭の輸入も増加した。

定期テスト予想問題 ⑥ (p.108-111)

① (1) ① **20**　② **11月3日**
(2) **ア**　(3) **ウ**　(4) **イ**
(5) 改革—**農地改革**　記号—**A**
(6) ① **平和主義（戦争放棄）**　② **象徴**

解説 (1) ①年齢が満 25 歳以上から満 20 歳以上に引き下げられ，女性にも選挙権が与えられた。
(2) **イ**〜**エ**はアメリカ大統領である。
(3) 治安維持法の廃止で，政治活動の自由が認められた。
(4) 財閥の復活を防ぐため，独占禁止法が定められた。
(5) 農地改革の結果，多くの小作農が自作農になった。
(6) ①国民主権，基本的人権の尊重，平和主義（戦争放棄）を三つの柱とした。

② (1) **国際連合（国連）**　(2) **ウ**　(3) **ア**
(4) **ベルリンの壁**　(5) **エ**　(6) **ア**
(7) 例 **欧米諸国の植民地支配を受けていた。**
(8) **イ**

解説 (2) 安全保障理事会には大きな権限が与えられ，侵略行為を行った国には国連軍による武力制

裁を加えることができるようになった。
(3) **B**はワルシャワ条約機構である。
(5) 朝鮮民主主義人民共和国（北朝鮮）はソ連・中国が支援した。
(6) 朝鮮戦争でアジアの緊張が高まると，アメリカは日本との講和を急いだ。

③ (1) **イ**
(2) 例 **アメリカ軍が大量の軍需物資を日本に発注したため。**
(3) **日米安全保障条約（日米安保条約）**
(4) **ウ**　(5) **エ**
(6) **ア**　(7) ① **イ**　② **エ**　③ **ウ**

解説 (2) この好景気を特需景気（朝鮮特需）という。
(4) **ア**は，世界恐慌への対策としてアメリカで実施された政策。**イ**は，明治新政府が近代産業の育成を目指した政策。**エ**は，世界恐慌への対策として，主にイギリスやフランスで行われた政策。
(7) ①は 1967 年，②は 1980 年代後半，③は 1972 年。

④ (1) **ア**　(2) **イ**　(3) **ア**
(4) **非核三原則**　(5) **ウ**　(6) **イ**
(7) ① **オ**　② **イ**　③ **エ**

解説 (1) テレビ放送が開始されたころは，テレビはとても高価だったため，街角に設置された街頭テレビが人気を集めた。テレビが家庭に普及するのは，高度経済成長期を迎えた 1960 年代。
(2) **ア**は OPEC（石油輸出国機構）などが当てはまる。
(3) **イ**は国連教育科学文化機関，**ウ**は国連児童基金，**エ**はアジア太平洋経済協力会議の略称。
(5) 湾岸戦争で人的支援を求められた日本は，翌 1992 年，国際平和協力法（PKO 協力法）を制定。以後，国連の平和維持活動（PKO）などのため，自衛隊を海外へ派遣するようになった。
(7) ①は 1997 年，②は 1973 年，③は 1989 年。